全国“八五”普法学习读本系列

法律明白人
应知应会民法典侵权责任实用手册

全国“八五”普法学习读本编写组　编

法律出版社
LAW PRESS · CHINA
北京

图书在版编目(CIP)数据

法律明白人应知应会民法典侵权责任实用手册 / 全国“八五”普法学习读本编写组编. -- 北京 : 法律出版社, 2022(2023.9 重印)
ISBN 978 -7 -5197 -6572 -9

Ⅰ. ①法… Ⅱ. ①全… Ⅲ. ①侵权行为－民法－中国－通俗读物 Ⅳ. ①D923.75

中国版本图书馆 CIP 数据核字(2022)第 052932 号

法律明白人应知应会民法典侵权责任实用手册
FALÜ MINGBAIREN YINGZHI YINGHUI MINFADIAN QINQUAN ZEREN SHIYONG SHOUCE

全国“八五”普法学习读本编写组 编

策划编辑 沈小英
责任编辑 陈 妮 刘雪莲
装帧设计 汪奇峰

出版发行 法律出版社
编辑统筹 法治与经济出版分社
责任校对 晁明慧
责任印制 吕亚莉
经　　销 新华书店

开本 A5
印张 7.125　**字数** 147 千
版本 2022 年 6 月第 1 版
印次 2023 年 9 月第 3 次印刷
印刷 固安华明印业有限公司

地址:北京市丰台区莲花池西里 7 号(100073)
网址:www.lawpress.com.cn
投稿邮箱:info@lawpress.com.cn
举报盗版邮箱:jbwq@lawpress.com.cn
销售电话:010 -83938349
客服电话:010 -83938350
咨询电话:010 -63939796

书号:ISBN 978 -7 -5197 -6572 -9　**定价**:46.00 元
凡购买本社图书,如有印装错误,我社负责退换。电话:010 -83938349

撰稿人

袁治杰　徐柏夷

编写说明

2020年11月16日至17日召开的中央全面依法治国工作会议明确了习近平法治思想在全面依法治国工作中的指导地位，这是我国社会主义法治建设中具有现实意义和深远意义的大事。习近平法治思想是马克思主义法治理论中国化的最新成果，是习近平新时代中国特色社会主义思想的重要组成部分，是全面依法治国的根本遵循和行动指南。

在习近平新时代中国特色社会主义思想指引下，为深入学习贯彻习近平法治思想，我们编写了《法律明白人应知应会民法典侵权责任实用手册》，以落实《中央宣传部、司法部关于开展法治宣传教育的第八个五年规划（2021—2025年）》，切实抓好普法学习宣传，维护好村民的劳动权益，解决其日常生产生活中的法律问题，增强其法治观念，提升其法治素养。“法律明白人”培养工作被纳入法治社会建设和乡村振兴总体规划，作为加快推进乡村人才振兴工作的重要内容，也是加强基层普法工作队伍建设、健全精准有效普法工作体系的重要举措。“法律明白人”应在宣传习近平法治思想、法律、法规、党的政策，引导法律服务，化解矛盾纠纷，提高法律意识，参与社会治理中发挥示范引领作用，以推动农村形成办事依法、遇事找法、解决问题用法、化解矛盾靠法的法治环境。

本书主要特点和特色如下：

第一，案例选择方面。本书所编写的60个聚焦村民日常生产生活的侵权法律问题，贴近农村生活，关注热点问题，回应社会关切，涵盖农村常见、高发、易产生矛盾的各类法律纠纷，有选择地吸收了司法经验和地方法治的实践情况，使本书成为集法律法规与案例分析于一体的专业工具书。

第二，分析讲解方面。内容翔实，说理系统全面且通俗易懂，涵盖了包括《中华人民共和国民法典》《中华人民共和国道路交通安全法》《中华人民共和国产品质量法》等在内的相关法律法规以及最新的司法解释，如最高人民法院《关于审理人身损害赔偿案件适用法律若干问题的解释》等。避开抽象的学理论述，通过一个个具体侵权行为案例，来阐述如“补充责任”“过错推定原则”这些抽象的法律概念和原则。

第三，结构设计方面。本书每个问题除设立“案例”“法律分析”“知识链接”等常规栏目外，特设了“纠纷解决技巧”栏目，对相应法律纠纷的解决方案进行细致梳理，同时对可能涉及的例外情况进行拓展，使“法律明白人”在面对相关纠纷时，能够全面且高效地获取法律知识，培养其纠纷解决能力。每页配有笔记区，供读者学习时做笔记使用。每个问题均配有试题，方便读者检验学习成果，增强阅读印象。同时，本书附一套测试题，用于“法律明白人”自测、任前培训、上网考核使用。

第四，深入浅出地讲解法律问题，把法律术语转化为生活语言、群众语言，力求简洁、平易；文风精炼，详略得当，重点突出，让读者轻松读、看得懂。

普法宣传是一个长期、持续的过程，任重道远。2020 年 12 月，中共中央印发了《法治社会建设实施纲要（2020—2025 年）》，明确提出到 2025 年，“八五”普法规划实施完成，法治观念深入人心，社会领域制度规范更加健全，社会主义核心价值观要求融入法治建设和社会治理成效显著，公民、法人和其他组织合法权益得到切实保障。希望本书能为中国特色社会主义法治体系建设、乡村振兴战略实施、“法律明白人”培养、村民的权益维护发挥作用，作出应有的贡献。

全国“八五”普法学习读本编写组

2022 年 4 月

目录

Contents

笔记区

▶ 1. 村口的高压电线跌落伤人时,责任该如何承担?

案例

一天,村民小张来到隔壁村的池塘边钓鱼,抛竿时触碰到上方的高压电线,即刻倒地身亡。经过详细调查,涉案高压线路的经营人和所有人均是县里的某供电公司。在小张出事地点附近,有一个十分醒目的警告牌,上面写着“高压线路危险,附近严禁垂钓”。同时,由于该池塘附近的高压线路较密集,供电公司在周围特别设置了铁丝网以防陌生人闯入,但小张私自翻越了铁丝网。随后,小张的妻子要求该供电公司承担赔偿责任,但供电公司认为自己没有任何过错,也采取了相当完善的保护措施,这样的结果是小张咎由自取。

法律分析

在一般情况下,要求侵害人承担侵权责任,受害人必须证明侵害人对损害结果的发生存在故意或过失,也即侵害人存在过错。但法律对一些特殊情况作了例外规定,本案就是这样。由于高压输电作业具有高度的潜在危险性,很容易对周围环境和群众造成严重的危害,因此,高压线

笔记区

路的经营者必须保持高度警惕,并采取严密的防范措施。一旦出现问题造成他人损害,线路经营者即便不存在过错,也应当承担责任,除非其可以证明损害结果是由受害人自己故意或者不可抗拒和阻挡的原因造成的。若受害人存在重大过失,则可以减轻经营者的责任。

本案中的小张被高压线路击中身亡,虽然供电公司采取了设立警示牌和铁丝网的保护措施,尽到了妥善的管理义务,不存在过错,但根据《中华人民共和国民法典》第1240条的规定,其仍需要承担赔偿责任。同时,尽管小张并非故意造成自己死亡,但其作为一个成年人,在清楚地知道高压线路的存在和在高压线路下钓鱼的危险性的情况下,仍私自翻越铁丝网进入池塘钓鱼,存在重大过失,因而可以减轻供电公司的责任。

知识链接

《中华人民共和国民法典》第一千二百四十条 从事高空、高压、地下挖掘活动或者使用高速轨道运输工具造成他人损害的,经营者应当承担侵权责任;但是,能够证明损害是因受害人故意或者不可抗力造成的,不承担责任。被侵权人对损害的发生有重大过失的,可以减轻经营者的责任。

纠纷解决技巧

本案"法律分析"中的纠纷解决方案,不仅适用于高压

笔记区

线路致人损害的情况，也适用于从事高空、高压、地下挖掘活动或者使用高速轨道运输工具造成他人损害的情况。具体来说，高空作业，常指高空施工、高空维修、高空清洗等活动；高压作业包括制造，运输，销售液化气、燃气等；地下挖掘活动包括挖井、挖隧道等；高速轨道运输工具，则是指包括动车、高铁在内的各类火车、磁悬浮列车等。此外，经营者不承担责任的理由——不可抗力，是指当事人无法预见、无法避免并且无法克服的客观情况，如地震、海啸以及战争等。

试题

甲整日在村里游手好闲。一天，他看见村口的变电站旁边立着“危险！请勿靠近”的牌子，十分好奇，便翻墙进入，结果触电身亡。对于甲的死亡，下列哪一选项是正确的？（　　）①

A. 该变电站所属的供电公司应当承担责任，但可以减轻责任

B. 该变电站所属的供电公司应当承担责任，不可以减轻责任

C. 没有人或单位应承担责任

D. 该村村委会应承担责任

---

① 答案：A。

笔记区

▶ 2. 非议他人是否侵犯他人名誉权?

案例

村里的几位大妈经常在村口晒太阳时,讨论村里姑娘小美为什么没有结婚。一天,马大妈说小美交过多个男朋友。自此以后,这种说法在村子里广为流传,人尽皆知,导致小美在村里受人指点,影响她的正常工作和生活,小美很是伤心。而事实上,马大妈的话为其编造而来,小美是因为工作太忙而一直没有时间结婚,也只谈过一个男朋友,并且准备明年结婚。事后,小美要求马大妈赔偿自己的损失,并且恢复自己的名誉。

法律分析

公民的名誉权受到法律的保护,任何人不得以侮辱、诽谤等方式加以损害。本案中,马大妈应当赔偿小美的损失,并应当立即停止散布该谣言,在村里消除由此产生的不良影响,恢复小美的名誉,并且向小美赔礼道歉。理由在于:第一,马大妈实施了损害小美名誉权的侵害行为,编造关于小美私生活方面的谎言,诽谤小美,并在村里散布。第二,确有名誉权受到侵害的结果发生。马大妈散布谣言后,村里的人都对小美的品德产生了不好的看法和评价,严重影响了小美的正常工作和生活,给小美带来了严重的精神痛苦。第三,马大妈对该损害结果的发生具有过错,其是故意编造谎言。第四,马大妈的侵害行为和损害后果之间具有因果关系,小美平时私生活没有什么问题,现在的结果是马大妈的诽谤行为所致。

知识链接

《中华人民共和国民法典》第九百九十五条 人格权受到侵害的,受害人有权依照本法和其他法律的规定请求行为人承担民事责任。受害人的停止侵害、排除妨碍、消除危险、消除影响、恢复名誉、赔礼道歉请求权,不适用诉讼时效的规定。

《中华人民共和国民法典》第一千零二十四条 民事主体享有名誉权。任何组织或者个人不得以侮辱、诽谤等方式侵害他人的名誉权。

名誉是对民事主体的品德、声望、才能、信用等的社会评价。

纠纷解决技巧

如果某种行为损害了公民名誉,但没有影响公民的社会评价,也即没有使周围的人对其品德、声望、才能、信用等方面产生不好的评价,那么不会构成侵害名誉权的行为。例如,甲乙两人是邻居,但关系一直不好。一日甲务

笔记区

农归来路过乙家门口时，两人因故发生口角，乙辱骂甲“猪狗不如”，此时仅甲乙两人在场。在该案例中，由于该辱骂行为仅发生在甲、乙之间，不被第三人知晓，并不会导致甲的社会评价降低，所以乙的行为并没有侵害甲的名誉权。但乙的言辞侮辱了甲的人格尊严，可能构成对甲一般人格权的侵犯，从而引起相应的侵权责任。

试题

大强经常在背后议论小明，但绝大部分故事都是捕风捉影，小明认为大强侵犯了自己的名誉权，应当承担侵权责任。对此，下列哪一项说法是正确的？（　　）①

A. 侵犯名誉权不能要求经济赔偿

B. 小明要大强承担侵害名誉权的责任，需要证明周围的人对自己产生了负面的评价

C. 名誉权不受法律保护

D. 侵犯名誉权必须要造成小明的经济损失

① 答案：B。

笔记区

3. 树木折断致人损害时，责任该如何承担？

案例

某日，小李骑车去镇上办事，在经过小张家附近时，突遇大风。小张家院墙外的一棵大树被吹倒。小李躲闪不及，被折断的大树砸到，身体多处骨折，住院多日，共花费医疗费5万余元。事后查明，这棵被吹倒的树正是小张种下的，归小张所有。此外，该树长期被黄斑星天牛危害，树干虫蛀严重，虫口密度达到40余个，这也是导致其被大风吹倒的主要原因。随后，小李要求小张赔偿其损失，小张却拒绝承担责任，认为这事与他无关，怪就怪这场大风和小李自己不走运。

法律分析

根据《中华人民共和国民法典》第1257条的规定，树木折断、倾倒造成他人损害的，树木的所有人或者管理人应当承担赔偿责任，除非其可以证明自己没有过错。在民事侵权案件中，往往需要由主张对方承担民事责任的一方，证明对方对损害结果的发生存在故意或者过失。但《中华人民共和国民法典》第1257条特别规定，在树木折断、倾倒伤人的情况下，主张责任的一方无须作这样的证

笔记区

明，而应当由对方证明自己不存在故意或过失，对方若无法证明，则要承担相应的责任。

本案中，小张是该棵被大风吹倒树木的所有人，对其负有妥善管理和保护的责任，应定期修剪和驱虫，防止其因折断、倾倒而伤人。但从案情描述中可以看出，小张家的这棵树虫蛀已十分严重，小张显然没有尽到妥善管理和保护的责任，这直接导致该棵树轻易地被大风吹倒，进而砸伤小李。因此，小张无法证明自己对损害事实的发生不存在故意或过失，应当承担赔偿责任。

知识链接

《中华人民共和国民法典》第一千二百五十七条 因林木折断、倾倒或者果实坠落等造成他人损害，林木的所有人或者管理人不能证明自己没有过错的，应当承担侵权责任。

纠纷解决技巧

无论是树木折断、倾倒还是椰子等果实坠落造成他人损害，在责任承担的认定上，首先，要找到树木的所有人或者管理人，一般而言，所有人为种树的人或者林木的承包人，而管理人则是负责看管、打理树木的人或国家单位，如道路两旁护路树的管理人便是相关的公路管理段。其次，要看所有人或者管理人是否尽到了管理维护的职责，包括树木驱虫、加固等措施。如果其能证明自己履行了相应的职责，则无须承担责任；若无法证明，则须承担责任。在整个过程中，受害人均不需要证明所有人或者管理人没有尽到管理维护的职责。

试题

某日，甲在乙种的椰子树下乘凉时，被一颗掉落的椰子砸伤。事后查明，该椰子已经成熟多时，但乙一直忙于其他事情，没有及时采摘。对于甲遭受的损害，应当如何救济？（　　）[①]

A. 乙应当进行赔偿，但可以减轻赔偿责任

B. 乙应当进行赔偿

C. 乙出于人道主义关怀，适当补偿甲

D. 甲应自认倒霉

---

① 答案：B。

笔记区

4. 能否以家门前的道路是自己的为由阻止邻居通行?

案例

村民小刘和小钱的宅基地紧挨着,两人都在宅基地上盖了房子。按照农村自建房的习惯,房子门口的通行道路是在自家宅基地中预留出来的,也即该通行道路也在自家的宅基地范围之内。后来,小刘和小钱两家产生了严重的矛盾,小刘便以家门前的道路是自己的为由,不让小钱日常通行,并围起了栅栏。而小钱家另一边是一个深沟,如果小刘不让小钱从自家门前通行,小钱出行就会变得十分困难。为此,小钱多次找小刘协商,但均没有结果。

法律分析

土地等不动产的权利人原则上有权禁止他人进入其不动产,但他人因通行等原因必须利用或者进入其不动产的,不动产权利人不可以以自己享有权利为由加以阻止,而应当提供必要的便利。这也是法律所保护的相邻关系。这不仅有助于营造良好的邻里关系,维护稳定和谐的社会秩序,更有利于生产力的发展,促进资源的合理、充分利用,不能单纯强调个体的权利而损害他人合法权益和社会

笔记区

公共利益。本案中，小刘以家门前的道路是自己的为由，阻止邻居小钱的日常通行，给小钱的正常生活带来了极大困难。小刘的这一行为，是一种滥用自己权利的"损人不利己"的行为，严重损害相邻不动产通行关系，也与乡里的风俗习惯相违背。因此，小刘应当立即拆掉栅栏，允许小钱从自家门前的道路通行，不可横加干涉和阻拦。

知识链接

《中华人民共和国民法典》第二百八十八条 不动产的相邻权利人应当按照有利生产、方便生活、团结互助、公平合理的原则，正确处理相邻关系。

《中华人民共和国民法典》第二百九十一条 不动产权利人对相邻权利人因通行等必须利用其土地的，应当提供必要的便利。

纠纷解决技巧

需要注意的是，当事人因通行等原因必须利用或者进入他人土地等不动产的，在通行道路的选择上，应当选择最必要、造成损失最小的路线。如只需小道的，就不可以开辟大道；可以在荒地上开辟道路通行的，就不能在耕地上开辟道路。因在他人土地上通行，给他人造成了损失的，当事人还应当进行相应赔偿。对于历史上形成的通道，土地的权利人不得任意改道。如果确实有必要进行改

笔记区

道，应征得相邻土地权利人的同意，以免妨碍其通行。

试题

小林家的农田在山脚下，每天进出只能从小王的田地里通行。后来，两家关系恶化，小王便以这是自家农田为由，不让小林通行。对此，下列哪一说法是正确的？（　　）[1]

A. 小王有权这样做

B. 小林可以随意在小王家的农田上通行

C. 小林应当自己开辟新的通行道路

D. 小林有权从小王家的农田上通行，但要选择对小王家农田损害最小的道路

---

① 答案：D。

笔记区

▶ 5. 擅自截流他人灌溉用水该如何承担责任?

案例

村民世世代代依靠流经村中的一条河流满足用水需求。老白的土地位于河流下游，多年以来使用河流浇灌自己地里的庄稼，生活倒也过得安稳。可是，位于上游的小丽本有足够的水资源进行水产养殖，但她极其贪心，又在河流上段正对着水流方向修建了一个长 8 米、宽 8 米、深 2 米的蓄水池，同时还设置水泵。这对下游居民的生活造成了很大影响，老白发现自己可以使用的水资源大幅度减少，断断续续，不足原来的 1/10，完全无法满足自己浇灌菜地的需要，便找小丽协商，小丽却说，河流又不是老白一个人的，自己处在河流上游，想怎么用就怎么用。

法律分析

邻里之间应当睦邻友好，面对问题互帮互助，出现纠纷也应该一同协商、妥善解决。根据《中华人民共和国民法典》第 288 条的规定，相邻土地的所有人或使用人之间应当按照有利生产、方便生活、团结互助、公平合理的原则正确处理相邻关系。邻里之间要为对方的用水提供便利，上游设立水坝要考虑下游居民和农民的用水问题，不能为

笔记区

了自己的利益而影响他人的生活。如果擅自设立水坝截流他人的灌溉用水,需要承担排除妨害的法律责任,也就是需要拆除水坝或采用其他方法恢复下游流量。此外,如果自己截断水流的行为给下游居民造成损失,如庄稼干旱而死,还需要承担赔偿损失的责任。当然,这并不是说上流不能建造水坝、截流用水,而是说在使用水资源的时候需要考虑下游用水者的需要,合理、合法地利用水资源,达到邻里和睦相处的状态。本案中老白正常用水的权利受到侵害,应先与小丽协商解决,协商不成可以向人民法院提起诉讼,请求小丽停止截流,拆除相应的截流设备,并赔偿因此给自己造成的损失。

知识链接

《中华人民共和国民法典》第二百八十八条 不动产的相邻权利人应当按照有利生产、方便生活、团结互助、公平合理的原则,正确处理相邻关系。

《中华人民共和国民法典》第二百九十条 不动产权利人应当为相邻权利人用水、排水提供必要的便利。

对自然流水的利用,应当在不动产的相邻权利人之间合理分配。对自然流水的排放,应当尊重自然流向。

《中华人民共和国民法典》第一千一百六十七条 侵权行为危及他人人身、财产安全的,被侵权人有权请求侵

笔记区

权人承担停止侵害、排除妨碍、消除危险等侵权责任。

《中华人民共和国水法》第二十八条 任何单位和个人引水、截(蓄)水、排水,不得损害公共利益和他人的合法权益。

《中华人民共和国水法》第五十七条第一款 单位之间、个人之间、单位与个人之间发生的水事纠纷,应当协商解决;当事人不愿协商或者协商不成的,可以申请县级以上地方人民政府或者其授权的部门调解,也可以直接向人民法院提起民事诉讼。县级以上地方人民政府或者其授权的部门调解不成的,当事人可以向人民法院提起民事诉讼。

纠纷解决技巧

处于水源上流并不代表可以擅自、不合理地使用水资源,大家都有合理使用水资源的权利,不能因为自己过度使用而损害他人合法权益。上下游居民应当睦邻友好,共同协商使用水资源,根据所有人的需求合理分配水资源,自己使用的同时也要为其他人使用水资源提供便利。擅自截断他人水源,应承担停止实施侵害行为的法律责任;造成他人损失的,还应承担赔偿对方损失的法律责任。如果自身使用水资源的权利受到侵害,应当与对方协商解决,还可以向人民法院提起诉讼来保障自身合法权益。

笔记区

试题

陈某居住在河流上游,为了自家养鱼修建了一个堤坝蓄水。自水坝修建成后,河流下游农民无法获取足够水资源灌溉农田。经调查,陈某鱼塘完全不需要如此多的水资源。下列说法正确的是(　　)。[①]

A. 下游居民无权要求陈某拆除水坝或减少蓄水

B. 下游居民应当向陈某购买水资源

C. 下游居民应偷偷拆除水坝

D. 下游居民有权要求陈某减少蓄水量,使水资源在河流沿岸居民中合理分配

---

① 答案:D。

笔记区

6. 雇人盖房子时工人致他人损害或自己受伤的,责任该如何承担?

案例

小王外出打工多年,存了不少积蓄,遂回老家盖起新房。小李、小张等人长期在村里从事建筑工作,于是小王便雇了他们来盖房。一天,小李在房子二楼施工时,由于地面刚洒过水,一不留神脚下一滑,从楼上摔了下去,不仅小李自己手臂多处骨折,而且他手里的铁锹也一同跌落飞出,砸伤了前来帮忙的邻居小赵。随即两人被送往医院治疗,住院多日,花费巨大。随后,小赵便要求小李赔偿其损失,但小李认为这是自己在为小王干活过程中发生的事故,而且自己也受了伤,应当由小王进行赔偿。小王觉得自己很委屈,明明没有做错什么,却要平白遭受损失。小李、小王两人均拒绝赔偿。

法律分析

劳务关系,是指两个或者两个以上的平等主体通过订立口头或书面约定,由提供劳务者向用工者提供特定的或一次性的劳动服务,用工者按约支付报酬的法律关系。本案中,小李和小王是两个平等主体,彼此间不存在从属关

笔记区

系，小李提供的也是短时间的、特定的“盖房子”这项劳动。因此，小李和小王形成的是劳务关系。根据《中华人民共和国民法典》第 1192 条第 1 款的规定，在劳务关系中，劳动者在劳动过程中造成他人损害的，应当由用工者对受害人承担责任。如果劳动者对损害的发生有故意或者重大过失的，用工者在承担责任后，有权向劳动者主张相应赔偿。如果劳动者不存在故意或重大过失，则劳动者无须承担任何责任。劳动者自身受到损害的，应当根据与用工者双方过错的程度大小，按照相应的比例各自承担一定的责任。

本案中，二楼地面由于刚洒过水，本身就很滑，小李不小心摔倒跌落显然不是故意行为，也不是一种重大过失行为。因此，对于小李在劳动过程中造成的小赵损害，小王应当承担责任，且随后不能再向小李主张赔偿。至于小李自身的损害，小李自己不够小心，是存在过错的。同时，小王作为用工者，相关保护措施很不健全，也是存在过错的。因此，可以综合分析后确定两人的过错程度，按比例分担责任。

知识链接

《中华人民共和国民法典》第一千一百九十二条第一款 个人之间形成劳务关系，提供劳务一方因劳务造成他人损害的，由接受劳务一方承担侵权责任。接受劳务一方承担侵权责任后，可以向有故意或者重大过失的提供劳务一方追偿。提供劳务一方因劳务受到损害的,根据双方各自的过错承担相应的责任。

笔记区

纠纷解决技巧

解决此类纠纷时,需要特别注意的是,无论劳动者对损害结果的发生是否具有故意和重大过失,最初都需要由用工者对受害者承担责任。这也是考虑到用工者与劳动者相比,往往更具有经济实力,生活状态也比较稳定,便于对受害者给予及时、充分的救济。对于劳动者是否存在重大过失,也要灵活分析,判断过失的严重程度。如在高空作业中,如果劳动者忘记系上安全扣从而引发事故,则便可以认定其存在重大过失。因为,一般人能意识到在从事危险系数较高的高空作业时,应当做好防护措施并落实到位;作为专业的建筑行业人员,却没有做到这一点,说明其过失程度很高,故属于法律上所说的"重大过失"。

试题

甲在镇上开了一间超市,雇了乙来送货。某天,乙在搬运货物时,不小心货物脱手,将买家丙砸伤。对于丙遭受的损害,谁应当承担侵权责任?(　　)①

A. 乙　　B. 甲　　C. 甲和乙　　D. 丙自己

① 答案:B。

笔记区

▶ 7. 餐馆老板能否自行扣押吃“霸王餐”顾客的财物？

案例

小李在镇上集市开了一家火锅店。一天晚上，一桌顾客消费后，陆陆续续借故离开火锅店，均未付钱。最后一人意欲离开时被服务员拦住，被要求支付餐费，但该顾客称无钱付款。情急之下，小李让服务员将最后这位顾客的皮夹暂时扣留，要求他打电话找人送钱结账，同时向公安机关报了案。后经警察调解处理，小李如数收到餐费。被扣留皮夹的顾客认为，小李的行为是违法的，要去起诉小李。小李感到困惑：如果不扣押皮夹，顾客就有可能会不付餐费直接离开火锅店，自己的损失又由谁来弥补呢？餐馆老板是否能自行扣押吃“霸王餐”顾客的财物呢？

法律分析

在本案中，火锅店向顾客提供了服务，顾客应当为此向火锅店付费。前往火锅店用餐的全是陌生人，如果小李不采取措施留住最后一位顾客的话，就会损失餐费，属于《中华人民共和国民法典》第1177条第1款中规定的“不立即采取措施将使其合法权益受到难以弥补的损害”的情

笔记区

况。在这种情况下,小李在保护自己合法权益的必要范围内扣留顾客的皮夹,并且及时向公安机关报案,是合法的。

事实上,小李的行为属于自助行为,是在合法权益受到侵害但是来不及请求公安机关保护时,实施的必要合理措施。需要注意的是,法律虽然肯定自助行为,但是并不代表小李可以在采取自助措施时为所欲为,如小李并不能对吃“霸王餐”的顾客进行殴打或者采取其他暴力措施。一旦如此,就会构成侵犯顾客人身权利的违法行为。

需要注意的是,吃“霸王餐”的顾客并非只有被商家扣留财物的风险,依据相关法律规定,情节严重时,可能会被罚款、拘留甚至承担刑事责任。

知识链接

《中华人民共和国民法典》第一千一百七十七条第一款 合法权益受到侵害,情况紧迫且不能及时获得国家机关保护,不立即采取措施将使其合法权益受到难以弥补的损害的,受害人可以在保护自己合法权益的必要范围内采取扣留侵权人的财物等合理措施;但是,应当立即请求有关国家机关处理。

纠纷解决技巧

吃“霸王餐”的行为本身即违法行为,是不可取的,遇到此类情况,餐馆老板应当及时向公安机关报案请求帮

笔记区

助。如果情况紧迫，可以先对吃“霸王餐”的人员采取特殊手段，如扣押财物，在必要时也可以采取限制人身自由等措施，但不能超过合理限度。随后，应当立即向公安机关等有关单位报告。曾有过吃“霸王餐”念头的人也应当认识到这种行为的风险，不能抱有侥幸心理，避免为自己的人生抹上不必要的污点。

试题

小张是一家餐馆的老板，今日遇到一桌想要吃“霸王餐”的顾客，顾客即将离开餐厅，为了维护餐厅合法利益，小张可以选择（　　）。①

A. 殴打顾客胁迫交费

B. 扣押顾客财物并向公安机关报案

C. 对顾客进行搜身

D. 直接扣押顾客财物并驱逐顾客

① 答案：B。

笔记区

8. 谷堆倒塌致人损害时，责任该如何承担？

案例

小吴在镇上从事粮食收购工作，为了节约场地，其将收来的谷子用麻袋装好，在屋内堆放。久而久之，谷子便堆得很高，而且杂乱无序。由于业务繁忙，小吴一直没有对谷堆进行整理，也没有采取任何防止其倒塌的措施。某天，村民小宋来到小吴的店里卖粮食，一个谷堆突然倒塌，将小宋砸伤。事后，小宋要求小吴承担赔偿责任，但小吴认为自己不是故意的，造成这样的损害结果完全是意外，不愿意赔偿。

法律分析

根据《中华人民共和国民法典》第 1255 条的规定，因堆放物倒塌致人损害的，受害人要求侵害人承担侵权责任时，不用证明侵害人存在过错，只要证明侵害人的侵害行为、损害后果以及两者之间存在因果关系。本案中，小吴将谷子堆得很高，而且杂乱无序，存在随时倒塌的危险，这就是小吴的侵害行为。同时，小宋受伤正是小吴的谷堆倒塌所致，侵害行为与损害后果之间存在因果关系。此外，小吴负有妥善管理的义务，但显然，小吴由于工作繁忙，没

笔记区

有尽到相应的职责,其无法证明自己没有过错。因此,小吴应当赔偿小宋的损失。

知识链接

《中华人民共和国民法典》第一千二百五十五条 堆放物倒塌、滚落或者滑落造成他人损害,堆放人不能证明自己没有过错的,应当承担侵权责任。

纠纷解决技巧

受害人无须证明侵害人存在过错,只需要证明侵害行为、损害后果以及两者间存在因果关系,便可以要求侵害人承担侵权责任,除非侵害人可以证明自己没有过错,这就是《中华人民共和国民法典》规定的过错推定原则。除了本案例中所指出的情形外,地面施工或者窨井等地下设施致人损害,建筑物及其搁置物、悬挂物坠落致人损害,在公共道路上堆放、倾倒、遗撒妨碍物致人损害以及林木折断、倾倒或者果实坠落伤人等情形,均适用过错推定原则。

试题

笔记区

小林经营一家水果店。某日，小孙来店中购物，不料店中堆放的装满苹果的箱子倒塌，砸伤了小孙。对此，下列哪一说法是正确的？（　　）①

A. 这属于意外事件，小孙应自认倒霉

B. 虽然小林无须承担侵权责任，但出于人道主义精神，应当适当补偿小孙

C. 小林应当赔偿小孙的损害

D. 小林和小孙应当各自承担一定的责任

---

① 答案：C。

笔记区

▶ 9. 机井"吃人"事故中,责任该如何承担?

案例

一天,村民小刘来到村东头的荒地中挖野菜,结果掉入一口废弃的机井中。小刘的丈夫发现这一情况后,赶紧叫来救援人员实施救援。虽然经过救援人员不懈努力,小刘被救了上来,但由于小刘被困时间较长,井下氧气稀薄,被送往医院后不治身亡。事后经调查,这口机井周围布满荒草,没有任何提醒、防范措施,很是隐蔽。机井所处的荒地以前被同村小张承包,但承包合同已在一年前到期,目前无人承包。机井的管理人是该村村民委员会。随后,小刘要求小张和村民委员会进行赔偿。

法律分析

目前,在我国大部分农村,仍然分布着数量众多的灌溉机井。其中,能正常使用的机井往往有专人看管,能够得到妥善管理;危害最大的是废弃的机井,往往疏于管理,机井通常较深且井口窄,井下缺氧严重。此外,某些机井地处偏僻,大型救援设备或常用救援设备难以及时到达现场,增加了救援难度,危险性极大。因此,村民委员会作为本案中机井的管理人,负有安全保障义务,应当妥善处理

笔记区

和管理该机井，采取掩埋、为机井加上盖子或者在机井周围设置围栏等防护措施。但村民委员会没有采取任何有效的措施，使机井处于敞口状态，而且机井周围布满荒草，村民难以发现，经过时很容易掉入。此外，小张早在一年前便结束了承包，对该机井不再负有管理的职责。所以，村民委员会作为机井的管理人无法证明自己尽到了管理责任，应当承担侵权责任。

知识链接

《中华人民共和国民法典》第一千二百五十八条 在公共场所或者道路上挖掘、修缮安装地下设施等造成他人损害，施工人不能证明已经设置明显标志和采取安全措施的，应当承担侵权责任。

窨井等地下设施造成他人损害，管理人不能证明尽到管理职责的，应当承担侵权责任。

纠纷解决技巧

如果机井的所有人与管理人不是同一人，则管理人应当是侵权责任的承担主体。如果不存在管理人或者无法确定具体的管理人，则所有人就可以被视为管理人，在造成他人损害时，承担侵权责任。此外，受害人不需要主动证明管理人没有尽到管理职责，法律直接推定管理人没有尽到管理职责。管理人想免于承担责任，需要自己证明尽

笔记区

到了管理职责。不仅仅是本案中的机井，包括窨井、地下通道等在内的地下设施造成他人损害时，本案例中的纠纷解决方案均可以适用。

试题

某日，村民甲不小心掉入了废弃的机井中，经过全力救援，仍未将甲活着救出。对此，下列哪一说法是错误的？（　　）①

A. 机井的管理人有妥善管理的职责

B. 机井的管理人如果采取了合理的防护措施，则无须承担责任

C. 受害人若要求机井管理人承担责任，则需要证明管理人没有尽到管理职责

D. 机井的所有人和管理人不是同一个人时，管理人是责任的承担主体

---

① 答案：C。

笔记区

10. 醉汉对自己的行为暂时没有意识造成他人损害时，是否需担责？

案例

村民小宋是个出了名的酒鬼，天天不务正业，四处喝酒，经常喝“断片儿”后耍酒疯，对此小宋自己也知情。一天晚上，小宋又是酩酊大醉，拿起砖头便砸向小李停在路边的汽车。第二天，小李起床后发现自己的车被砸了，损毁严重，而小宋躺在汽车旁边。小李将小宋叫醒后，问小宋这是怎么回事，而小宋却一脸茫然，完全不知道发生了什么，更不知道是自己砸了小李的车。随后，小李要求小宋赔偿损失，小宋却认为，虽然监控显示是自己砸的车，但当时自己已经失去意识，无法控制自己的行为了，自己很无辜，便拒绝赔偿。

法律分析

根据《中华人民共和国民法典》第1190条的规定，行为人处于无意识状态造成他人损害的，由于行为人无法自主决定自己的行为，对损害结果的发生没有过错，也就无须承担责任。行为人的行为确实造成了他人损害的，行为人应当根据自身情况适当补偿受害人，否则与公平正义相

笔记区

违背,民众在情感上也难以接受。但如果行为人对自己陷入无意识状态后致人损害有过错,是故意或者过失造成的,则应当承担侵权责任。例如,某人患有梦游症,并清楚地知道自己的病情,且曾多次发病打伤人。某日,其又发病打伤人。在这种情形下,该梦游者对自己陷入无意识状态后伤人存在过错,因为其知道自己的病情并有过多次伤人的"前科",应当采取相应的防范措施但未采取。但如果其对自己患有梦游症且曾发病打伤人不知情,也就无从得知需要采取防范措施,便不存在过错,只需适当补偿受害人。

本案中,小宋酗酒成性,知道自己容易喝醉且爱耍酒疯,因此应当采取相应的措施,防止自己醉酒陷入无意识状态后,给他人造成损害。但小宋并没有采取任何措施,对砸坏小李汽车的损害后果存在过错,应当承担侵权责任。

知识链接

《中华人民共和国民法典》第一千一百九十条 完全民事行为能力人对自己的行为暂时没有意识或者失去控制造成他人损害有过错的,应当承担侵权责任;没有过错的,根据行为人的经济状况对受害人适当补偿。

完全民事行为能力人因醉酒、滥用麻醉药品或者精神药品对自己的行为暂时没有意识或者失去控制造成他人损害的,应当承担侵权责任。

10. 醉汉对自己的行为暂时没有意识造成他人损害时，是否需担责？

纠纷解决技巧

笔记区

在解决该类纠纷时，要注意识别完全民事行为能力人对自己陷入无意识状态或失去对自己行为的控制时致人损害，是否存在过错：有过错的，就应当承担侵权责任；没有过错的，只需要根据自己的经济情况适当补偿受害人。此外，行为人如果因醉酒、滥用麻醉药品或者精神药品这三种情况，而对自己的行为暂时没有意识或者失去控制致人损害的，往往都存在过错。如果行为人是因为突发中风或身体被他人控制，没有行动自由等原因而致人损害的，通常没有过错。

试题

甲素爱借酒壮胆后在村里寻衅滋事。某日，甲又喝醉后发酒疯，打伤了同村的乙。对此，下列哪一项说法是正确的？（　　）①

A. 甲喝醉后已经无法控制自己的行为，因此无须承担侵权责任

B. 甲没有过错，因此无须承担侵权责任

C. 甲可以适当补偿乙

D. 甲应当承担侵权责任

① 答案：D。

笔记区

▶ 11. 殴打他人致其伤残时，该赔偿哪些费用？

案例

某日，严某回到农村家中探亲，其子小严许久未见父亲，路上同严某玩闹，不慎将段某的女儿碰倒，段某怒而对8岁的小严大打出手，严某急忙阻挡。段某的殴打造成小严轻伤卧床1个月，严某残疾。治疗期间，严某和小严共支出医疗费20,000元，护工费1000元，交通费400元，营养费1000元，租用轮椅100元，康复治疗费1500元。小严卧床期间远程上课器材购置费3000元，严某因残疾购置辅助器具1000元。上述哪些费用严某和小严可以要求段某赔偿？

法律分析

严某被段某殴打致残疾，小严被段某殴打致轻伤，他们的身体权与健康权均遭受到了损害，因而有权请求人身损害赔偿。根据《中华人民共和国民法典》第1179条的规定，侵权行为造成他人人身一般损害的，侵权人应当赔偿医疗费、护理费、交通费、营养费等为治疗和康复支出的合理费用以及因误工减少的收入。医疗费，是指治疗人身伤害的治疗费、医药费、检查费等费用；护理费，是指对受到伤害的受害人进行护理的费用；交通费，是指受害人因就医、转院治疗等而支出的本人及护理人员的交通费；营养费，是指受到伤害的人在治疗和康复期间需要补充的营养的费用；住院伙食补助费，是指住院期间餐费的支出；误工损失，是指因伤残等耽误工作所减少的收入。其他因治疗和康复而支出的合理费用，也在赔偿范围之内。

造成残疾的，还应当赔偿辅助器具费和残疾赔偿金；造成死亡的，还应当赔偿丧葬费和死亡赔偿金。辅助器具费，是指伤残者因身体功能丧失而应予配置的辅助器具的购置费和维护费。残疾赔偿金实际上是对受害人因受到伤害造成残疾、丧失劳动能力而失去的工资收入的赔偿。本案中，小严卧床听课的器材购置费不属于治疗和康复必需的费用。所以，段某应当赔偿严某和小严医疗费、护工费、交通费、营养费、轮椅租赁费、康复治疗费、残疾辅助器具费和残疾赔偿金。

知识链接

《中华人民共和国民法典》第一千一百七十九条　侵害他人造成人身损害的，应当赔偿医疗费、护理费、交通费、营养费、住院伙食补助费等为治疗和康复支出的合理费用，以及因误工减少的收入。造成残疾的，还应当赔偿辅助器具费和残疾赔偿金；造成死亡的，还应当赔偿丧葬

笔记区

费和死亡赔偿金。

最高人民法院《关于审理人身损害赔偿案件适用法律若干问题的解释》第十二条 残疾赔偿金根据受害人丧失劳动能力程度或者伤残等级,按照受诉法院所在地上一年度城镇居民人均可支配收入标准,自定残之日起按二十年计算。但六十周岁以上的,年龄每增加一岁减少一年;七十五周岁以上的,按五年计算。

受害人因伤致残但实际收入没有减少,或者伤残等级较轻但造成职业妨害严重影响其劳动就业的,可以对残疾赔偿金作相应调整。

最高人民法院《关于审理人身损害赔偿案件适用法律若干问题的解释》第十六条 被扶养人生活费计入残疾赔偿金或者死亡赔偿金。

纠纷解决技巧

在现实生活中,如果与他人争执演化为打架斗殴,不幸被打伤,要及时前往医院救治,就医过程中注意保存缴费单据。要尽快报警,向警察如实陈述事情发生的经过。如果伤情比较重,还要向公安机关申请进行伤情鉴定。对于遭受的损害,受害人可以主张民事赔偿,赔偿范围包括医疗费、护理费、交通费、营养费、住院伙食补助费等为治疗和康复支出的合理费用。如果不幸残疾,还可以请求侵害人赔偿辅助器具费和残疾赔偿金。需要注意的是，侵害人需要赔偿的是受害人所支出的合理费用，不合理费用就无须赔偿。情节严重的，侵害人还可能涉嫌犯罪，面临承担刑事责任的风险。

笔记区

试题

方某被林某殴打致残，林某____赔偿方某的治疗费，____赔偿方某的误工费。（　　）[①]

A. 需要；需要

B. 需要；不需要

C. 不需要；需要

D. 不需要；不需要

① 答案：A。

笔记区

▶ 12. 两人共同殴打他人致其伤残时，责任该如何分配？

案例

严某的弟弟严二得知严某被打的事，决定“教训”一下段某，严二先到弟弟严三家中告知了他自己的打算，要求共同去。严三本不愿前往，但担心严二吃亏，便同意前往“助阵”。随后，二人在段某买化肥回家的路上将段某拦下，严二厉声呵斥、抬手袭来，段某即刻还手。严三眼看严二被段某压制，立即上前一并殴打段某。段某被二人扑倒在地，混乱中被一脚踢断两根肋骨，无法判断踢断段某肋骨的是严二还是严三。段某进行肋骨手术共花去3万元，应当向谁请求赔偿？

法律分析

段某的肋骨被踢断，是严二和严三一同殴打所致，但无法确认具体是严二和严三中谁的行为最终造成了损害结果。由于两人对殴打段某持共同故意，应当对损害结果共同承担责任。所以，严二和严三应当对段某肋骨骨折的后果承担连带赔偿责任，也即，段某既可以要求严二和严三任何一人赔偿手术费3万元，也可以要求二人共同赔

笔记区

偿。严二和严三对于各自的最终责任依据二人的过错程度和行为产生的后果，按比例分担。二人中的任何一人赔偿段某的损失后，都有权向另一人行使追偿权，请求另一人支付他应当承担的部分。本案中，因为二人有共同伤害段某的故意，并且一起殴打了段某，因此，即使能够确定严二和严三谁踢断了段某的肋骨，二人也承担连带责任。段某有权请求任何一人赔偿或二人共同赔偿，随后二人再内部分配责任、追偿。

知识链接

《中华人民共和国民法典》第一千一百六十八条 二人以上共同实施侵权行为，造成他人损害的，应当承担连带责任。

《中华人民共和国民法典》第一百七十八条 二人以上依法承担连带责任的，权利人有权请求部分或者全部连带责任人承担责任。

连带责任人的责任份额根据各自责任大小确定；难以确定责任大小的，平均承担责任。实际承担责任超过自己责任份额的连带责任人，有权向其他连带责任人追偿。

连带责任，由法律规定或者当事人约定。

纠纷解决技巧

如果是多人事先通谋，共同实施侵害行为，在就所造

笔记区

成的损害后果赔偿受害人时，无须判断具体是谁的行为造成了损害，所有人都是侵权责任的承担主体。受害人可以要求某个侵害人承担责任，也可以要求其中几个侵害人承担责任，更可以要求所有人一起承担责任。需要注意的是，并不是每个侵害人都需要赔偿受害人的全部损失，只需侵害人赔偿的数额加起来足以弥补受害人的全部损失即可。在对受害人承担完责任后，各个侵害人之间可以按照相应的比例，再互相追偿，分担责任。

试题

蔡某和方某一直从赵某的水渠中取水浇灌自家的田地。一日，赵某以水量不足为由拒绝二人取水，蔡某和方某不同意，便一同殴打赵某，赵某花去医疗费、营养费、交通费等共3000元，赵某应当请求谁赔偿？（　　）①

A. 只能请求蔡某赔偿

B. 只能请求方某赔偿

C. 只能请求蔡某和方某一同赔偿

D. 可以请求蔡某和方某中的任一人赔偿

---

① 答案：D。

笔记区

▶ 13. 两人分别殴打他人致其伤残时,责任该如何分配?

案例

严某的弟弟严二和严三得知严某被打的事,都决定"教训"一下段某,但两人都没有告知对方。随后,严二在段某去买化肥的路上将段某拦下殴打。一小时后,严三在段某买化肥回家的路上又将段某拦下殴打,段某回家后不久,便感到胸口隐隐作痛,立即去医院。经检查,段某被打断两根肋骨,进行肋骨手术治疗共花去3万元。医院鉴定表明,段某的肋骨是在受到多次重击后断裂,严二和严三任何一人单独殴打都无法造成这种程度的伤害,段某应当向谁请求赔偿?

法律分析

严二和严三分别殴打段某,都侵害了段某的身体权和健康权,因为严二和严三对对方的行为互不知情,严二和严三实施的行为相加,才共同造成了段某肋骨骨折这一个损害结果。根据《中华人民共和国民法典》第1172条的规定,在这种情况下,严二和严三应当承担按份责任,即每一个行为人只对自己实施的行为造成的损害部分承担赔偿

笔记区

责任,而不对整个损害后果承担全部责任。段某在请求赔偿的时候,需要分别向严二和严三请求相应部分的赔偿。严二和严三各自所需要承担的责任份额的大小,应按照其相应的过错程度和对损害结果发生的"贡献值"来确定。如果难以确定具体的责任份额,则应当平均承担赔偿责任。在本案中,依据现有证据无法确定严二和严三的责任大小,段某可以向严二和严三分别要求赔偿15,000元。

知识链接

《中华人民共和国民法典》第一千一百七十二条 二人以上分别实施侵权行为造成同一损害,能够确定责任大小的,各自承担相应的责任;难以确定责任大小的,平均承担责任。

纠纷解决技巧

处理这类纠纷时,需要与案例12中的情形相区分,两者在责任承担方式上存在很大的不同。在案例12中,数个侵害人在实施侵害行为时是商量好的,也就是存在共同的故意。因此,无论损害结果是由哪个侵害人造成的,所有侵害人都有责任赔偿受害人的全部损失。而本案中的数个侵害人,在实施侵害行为时,互相不知情,不知道其他人也侵害了受害人的合法权益,通俗来说,就是事先没有商量。在这种情况下,就不再是每个侵害人都需要赔偿全部的损失，而只需按照自己的过错程度，承担一定比例的责任。责任比例无法确定时，就平均承担责任。

笔记区

试题

张某总是借东西不还，一日，孙某找张某上门讨要借给张某的自行车，张某不还，孙某便殴打了张某一顿，拿回了自己的自行车。钱某听说后，想起自己借给张某的电瓶未归还，也上门殴打了张某一顿，拿回了自己的电瓶。事后张某腹痛难忍，经医院检查发现，张某肝脏破裂，张某应当向谁请求赔偿？（　　）①

A. 只能请求孙某赔偿

B. 只能请求钱某赔偿

C. 只能请求孙某和钱某一同赔偿

D. 可以请求孙某和钱某中的任一人赔偿

---

① 答案：C。

笔记区

14. 是否可以分期支付赔偿费用?

案例

严某被段某打伤后住院治疗,共花费15万元。严某要求段某进行赔偿,但段某因近期买种子花去了不少积蓄,无力全部赔偿。严某认为段某是想赖账,拒不同意。段某最终表示,自己最多能一次性拿出8万元,剩下的7万元需要分期支付。严某仍不信任段某,拒绝分期支付。段某是否可以分期支付赔偿费用?

法律分析

在确定了损害赔偿的数额后,段某和严某,即侵害人和受害人可以协商具体的支付方式。为了尽早了结侵权赔偿法律关系和利于对受害人的救济,一次性支付是最优选择。但如果双方协商一致同意分期支付,则应当尊重双方的意愿。但现实生活中,在受害人要求一次性支付时,可能会存在侵害人无力支付的情形,如果一次性赔偿确有困难,也可以采用分期支付的方法。但是,分期支付存在风险,可能会出现意外,使受害人无法得到全部赔偿。因此,受害人有权要求赔偿责任人在分期支付时提供担保。本案中,如果段某确实有经济困难,无法一次性支付,可以

笔记区

采取分期支付的方式,但严某有权要求段某提供担保。段某可以在自己的财产上设立抵押权或质权,为严某提供担保;也可以找可靠的人做担保人,以担保人的财产、信誉或偿债能力来为严某提供担保。

知识链接

《中华人民共和国民法典》第一千一百八十七条 损害发生后,当事人可以协商赔偿费用的支付方式。协商不一致的,赔偿费用应当一次性支付;一次性支付确有困难的,可以分期支付,但是被侵权人有权请求提供相应的担保。

纠纷解决技巧

在解决此类纠纷时,双方应当首先协商确定支付方式,如果协商不一致,就应当立即一次性支付全部费用。在详细调查侵害人的收入情况、名下财产状况以及近亲属经济状况后,确实发现侵害人没有办法一次性支付时,才可以允许其分期支付。同时,侵害人在分期支付时,也并不是必须要提供担保,只有在受害人要求时才需要。如果受害人信赖侵害人会如期支付赔偿费用,则不需要侵害人再提供担保。总之,一切目的就是使受害人能够获得充分、合理的救济。

笔记区

试题

陈某借用马某的拖拉机时不慎弄坏,无力支付赔偿金,(　　)分期支付赔偿费用。[①]

A. 可以

B. 应当

C. 不能

D. 只有当马某同意时,才可以

---

① 答案:A。

笔记区

▶ 15. 热水器漏电致人损害时，责任该如何承担？

案例

2020 年 3 月 3 日，张三务农回家后发现其妻子和 5 岁的儿子躺在卫生间的地板上，淋浴的热水还流着。张三见状，立即断开电源并拨打“120”，医生到场后确认两人均已死亡。经过警方的现场勘察及相关质检部门鉴定后得出结论：该热水器使用的器件存在质量问题，管内绝缘层有裂纹，造成管内加热丝与水接触，因而使流出的热水带电。张三的妻子给儿子洗澡时，两人因接触带电的热水而不幸身亡。该热水器是张三于 2020 年 2 月 1 日在电器城购买，运输和安装人员均为电器城员工，在运输、安装过程中不存在过错。张三及其妻子使用热水器时也都是严格按照说明书进行操作。此时，张三应当向谁主张赔偿呢？

法律分析

本案中，张三购买的漏电热水器不符合质量认证标准，存在质量缺陷，导致其妻子和儿子在洗澡时触电身亡，侵害了其妻子和儿子的生命权，属于缺陷产品致人损害的情形，应当适用产品责任制度。依据《中华人民共和国民法典》第 1203 条第 1 款的规定，因产品存在缺陷造成他人损害的，被

笔记区

侵权人可以向产品的生产者请求赔偿,也可以向产品的销售者请求赔偿。张三作为被侵权人的近亲属,既可以要求产品的生产者即热水器的生产厂家承担侵权损害赔偿责任,也可以要求产品的销售者即电器城经营者承担侵权损害赔偿责任。销售者在承担侵权责任后,如果能证明产品的缺陷是由生产者造成而自己对此不存在过错,则可以向生产者追偿。生产者在承担侵权责任后,如果能证明销售者对产品缺陷的产生存在过错,则可以在过错范围内向销售者追偿。

知识链接

《中华人民共和国民法典》第一千二百零二条 因产品存在缺陷造成他人损害的,生产者应当承担侵权责任。

《中华人民共和国民法典》第一千二百零三条 因产品存在缺陷造成他人损害的,被侵权人可以向产品的生产者请求赔偿,也可以向产品的销售者请求赔偿。

产品缺陷由生产者造成的,销售者赔偿后,有权向生产者追偿。因销售者的过错使产品存在缺陷的,生产者赔偿后,有权向销售者追偿。

《中华人民共和国产品质量法》第四十六条 本法所称缺陷,是指产品存在危及人身、他人财产安全的不合理的危险;产品有保障人体健康和人身、财产安全的国家标准、行业标准的,是指不符合该标准。

纠纷解决技巧

笔记区

因产品缺陷遭受人身权益或者财产权益损害时，被侵权人既可以单独起诉缺陷产品的生产者，也可以单独起诉缺陷产品的销售者，还可以同时起诉缺陷产品的生产者和销售者，要求其承担相应的侵权责任。同时，因为产品责任属于无过错责任，被侵权人只需要证明自己遭受损害，购买或者使用的产品为缺陷产品以及损害与缺陷产品之间存在因果关系等事实，即可要求侵权人承担相应的侵权责任，而无须证明产品的生产者或者销售者存在过错。因此，当个人合法权益因产品缺陷受到损害时，可以根据情况选择对自己更有利的方式维护权益。

试题

李某从村口商店买了一个甲厂生产的电热水壶，后该电热水壶在李某使用时发生爆炸，造成李某严重的人身损害。经查明，该电热水壶存在质量缺陷。下列哪一表述是正确的？（　　）①

A. 李某无权要求村口商店承担赔偿责任

B. 李某无权要求甲厂承担赔偿责任

C. 李某只能要求甲厂赔偿承担

D. 李某可以要求甲厂或者村口商店承担赔偿责任

① 答案：D。

笔记区

▶ 16. 与母亲生前唯一合照被毁时，可否主张精神损害赔偿？

案例

小李家境普通，母亲生前只陪他旅行过一次。那时候照相价格昂贵，小李与母亲只在景区门口拍了一张照片，这是他和母亲唯一一张合照，非常珍贵，他一直认真收藏。有一天，他想把这张照片扫描然后复制，以免丢失，于是拿着照片来到一家小店。不料小李和老板发生了口角，老板一怒之下放言："你再说我就烧了你的照片！"小李道："这是我和母亲唯一一张合照，有本事你烧了让我看看！"话音刚落，老板竟然真的拿出打火机将照片给烧了！小李急火攻心，随即晕倒在地。小李被紧急送医后逐步恢复了过来，但一想到唯一的合照已经被烧毁便痛不欲生，遂要求店老板赔偿自己的精神损失。店老板认为，只是损毁一张照片而已，怎么会产生精神损失，所以其只愿意按照一张照片的价格赔偿，而不愿另外支付精神损害赔偿金。

法律分析

不仅侵害受害人的身体会给受害人带来精神损害，侵害受害人某些特定的物品，也会给受害人带来极大的精神

笔记区

痛苦，造成严重的精神损害。这类物品虽然往往价值不高，但对于受害人而言有着非同一般的意义，承载受害人强烈的思念和纪念之情，一旦毁坏，便无法补救。因此，需要通过物质赔偿的方式弥补和减轻受害人由此遭受的心灵伤痛。

本案中，这张小李与母亲生前的唯一合照，虽然几乎没有什么市场价值，但对于小李来说却是“无价之宝”，是母亲留下来的唯一影像资料，也是小李思念和纪念母亲最为重要的方式。店老板故意将其烧毁，无法补救，给小李带来了难以愈合的精神创伤，损害后果严重，理应予以精神损害赔偿。这符合我国长期以来的传统文化要求，与社会的一般道德观念和准则也相符。

知识链接

《中华人民共和国民法典》第一千一百八十三条 侵害自然人人身权益造成严重精神损害的，被侵权人有权请求精神损害赔偿。

因故意或者重大过失侵害自然人具有人身意义的特定物造成严重精神损害的，被侵权人有权请求精神损害赔偿。

纠纷解决技巧

在解决这类纠纷时，有两个方面需要注意：一是只有

笔记区

在侵害人存在故意或者重大过失时，才需承担精神损害赔偿责任。“故意”很容易理解，需要谨慎把握的是对“重大过失”的认定。与其相对的概念是“一般过失”，也就是程度较轻的过失。重大过失，往往是指一般人都能注意到的问题，侵害人却没能注意到从而忽视，也即过失程度很大。二是如果损害的并非承载受害人感情寄托的物品，那么承担精神损害赔偿责任的前提条件是要给受害人造成了严重的精神损害。如果只是轻微的精神损害，则侵害人无须承担精神损害赔偿责任。例如，如果受害人只是伤心了一会儿，很快就恢复了正常，则不是严重的精神损害。但如果受害人悲伤得长达数月茶饭不思，天天失眠，精神也出现了恍惚，则可以认定为严重的精神损害。

试题

甲有一块玉，虽然不值什么钱，但却是母亲生前留给自己的唯一物件，甲视这块玉为珍宝，时刻佩戴在身上。某日，甲和邻居乙发生了口角，乙越说越激动，便上前动手扯下甲的这块玉，摔碎在地上。甲见状悲痛不已，当即晕倒在地，被送往医院后，住院多日，花费医药费 5000 余元。(　　)①

① 答案：A。

16. 与母亲生前唯一合照被毁时，可否主张精神损害赔偿？

笔记区

A. 甲不仅可以要求人身损害赔偿，还可以要求精神损害赔偿

B. 甲只可以要求人身损害赔偿，不可以要求精神损害赔偿

C. 甲不可以要求人身损害赔偿，只可以要求精神损害赔偿

D. 甲不可以要求任何赔偿

笔记区

▶ 17. 计算财产损失时，应当以何时的市场价格为准？

案例

李某带女儿小李在池塘边玩耍时，顺手折断了路边几棵小树的树枝。正欲离开时，被住在池塘边的周某叫住。原来，李某折断的不是枯树，而是周某前几天种植在池塘边的优质果树苗。李某不愿赔偿，带着小李夺路而逃。周某清点发现，被李某折断的果树苗一共 10 株，已经无法成活。10 日后，周某来到李某家中，要求李某赔偿果树苗的价款。周某购买果树苗时，单价 50 元，其后果树苗涨价；李某折断时，该果树苗 60 元一株；周某索赔时，该果树苗 80 元一株。周某主张李某按照索赔当日的市场价赔偿 800 元，李某认为应当按照周某的购入价赔偿 500 元。请问，计算周某的财产损失时应当以何时的市场价格为准？

法律分析

被损坏财物的市场价格可能波动较大，如果按照请求赔偿的时间来确定市场价格，则难以预期赔偿数额的大小。因此，法律需要确立一个统一的时间点：在计算财产损失时，一般按照损失发生时的市场价格来计算。在本案中，损失发生时的市场价为 60 元一株，故李某应当赔偿周某 600 元，这样也利于补偿树苗的损失。有时，无法计算当日的市场价，或者按照当日市场价格计算明显不公平时，也可以以其他合理方式计算。例如，本案中的小树苗是周某不久前种下的，但如果改变情形，假设周某种植果树苗已经有一段时间了，每天精心照顾，并且刚刚完成了嫁接，则此时难以判断果树苗的市场价格，就应当综合考量市场价格和其他因素，以其他合理的方式计算财产损失数额。

知识链接

《中华人民共和国民法典》第一千一百八十四条 侵害他人财产的，财产损失按照损失发生时的市场价格或者其他合理方式计算。

纠纷解决技巧

当财产受到损失时，除了清点损失物品的数量外，还应注意及时拍照或以其他方式保存书面文件或电子数据作为证据材料，必要时可以请专业公证机构证明损失情况。此外，财产损失的金额不能按照购买时的价格计算，而是需要按照受到损失时的市场价格计算。所以，也需要及时了解受损财产的市场价格，计算损失金额。如果认为按照受损时市场价格计算不合理的，可以协商确定赔偿数

笔记区

额,采取其他合理的计算方式。如果协商不成,无法达成一致的,可以向人民法院起诉确定数额。

试题

吴某弄坏了郑某家的七成新的柜子,吴某应当按照(　　)的市场价格赔偿。①

A. 损坏时全新柜子

B. 损坏时七成新的柜子

C. 郑某购入柜子时全新柜子

D. 郑某购入柜子时七成新柜子

---

① 答案:B。

笔记区

▶ 18. 受害人死亡时，其近亲属是否有权主张民事赔偿？

案例

吴某骑摩托车去邻村参加酒席，酒足饭饱后骑摩托车回家，不慎将步行的崔某撞倒在地。吴某慌张之下骑车逃走。路过的行人发现后，立即将崔某送往医院治疗，但因伤势过重抢救无效死亡。在办完崔某的安葬事宜后，其妻子请求吴某赔偿医疗费、护理费、丧葬费、精神损害赔偿金以及死亡赔偿金等。但吴某只愿意赔偿崔某妻子支出的医疗费、护理费和丧葬费，其认为自己只需要对崔某承担赔偿责任，但崔某已经死亡，无须再赔偿精神损害赔偿金和死亡赔偿金等。

法律分析

一般来说，损害赔偿请求权如医疗费、护理费、营养费等，其行使主体应当是受害人；当受害人死亡时，自身便无法行使这些权利，因而其近亲属可以继受这些赔偿请求权。所以，在本案中，崔某的妻子可以请求吴某赔偿所支出的医疗费和护理费。

此外，在受害人死亡的情形下，侵害人的行为不仅损

笔记区

害了受害人的生命权，也损害了受害人近亲属的合法权益，如给受害人的近亲属带来了巨大的精神痛苦，并且受害人近亲属支出了安葬的相关费用。同时，由于受害人经济收入的丧失使其近亲属的物质生活水平受到影响，所以其近亲属可以请求侵害人赔偿死亡赔偿金。死亡赔偿金并不是对受害人的赔偿，而是对其近亲属受到的供养损害的赔偿，用以维持近亲属与受害人死亡前大致相当的物质生活水平。

综上，崔某的妻子可以请求吴某赔偿医疗费、护理费、精神损害赔偿金和死亡赔偿金。

知识链接

《中华人民共和国民法典》第一千一百七十九条 侵害他人造成人身损害的，应当赔偿医疗费、护理费、交通费、营养费、住院伙食补助费等为治疗和康复支出的合理费用，以及因误工减少的收入。造成残疾的，还应当赔偿辅助器具费和残疾赔偿金；造成死亡的，还应当赔偿丧葬费和死亡赔偿金。

《中华人民共和国民法典》第一千一百八十一条 被侵权人死亡的，其近亲属有权请求侵权人承担侵权责任。被侵权人为组织，该组织分立、合并的，承继权利的组织有权请求侵权人承担侵权责任。

笔记区

被侵权人死亡的,支付被侵权人医疗费、丧葬费等合理费用的人有权请求侵权人赔偿费用,但是侵权人已经支付该费用的除外。

最高人民法院《关于审理人身损害赔偿案件适用法律若干问题的解释》第十五条 死亡赔偿金按照受诉法院所在地上一年度城镇居民人均可支配收入标准,按二十年计算。但六十周岁以上的,年龄每增加一岁减少一年;七十五周岁以上的,按五年计算。

纠纷解决技巧

在解决该类纠纷时,首先,需要明确民法意义上近亲属的范围:主要包括配偶、父母、子女、兄弟姐妹、祖父母、外祖父母、孙子女、外孙子女。受害人死亡后,其近亲属请求侵害人赔偿的,可以提供户口本、身份证、结婚证、出生证明、亲属关系证明等证明自己与受害人之间的近亲属关系。其次,近亲属请求赔偿有顺序限制,一般应当先由受害人的配偶、父母、子女请求侵害人赔偿,在没有配偶、父母、子女或者其不请求赔偿的情况下,才可以由受害人的兄弟姐妹、祖父母、外祖父母、孙子女、外孙子女请求侵害人赔偿。此外,如果有其他非近亲属的人,如同事、朋友等,支付了医疗费、交通费、丧葬费等,同样可以请求侵害人进行赔偿。

笔记区

试题

冯某与何某素有嫌隙。一日,冯某趁何某割穗时在其水杯中投放农药,何某饮下后身亡。何某的妻子朱某____请求冯某赔偿,何某的父母____请求冯某赔偿。(　　)①

A. 有权,有权

B. 有权,无权

C. 无权,有权

D. 无权,无权

---

① 答案:A。

笔记区

19. 儿童造成他人损害时,被侵权人该向谁主张民事赔偿?

案例

罗某、范某二人结婚生育一子小罗后离婚。二人离婚后,平时由罗某抚养小罗。范某去探望小罗时会给其一些零花钱自用。过年期间,罗某带10岁的小罗去杨某家拜年,中途罗某去小卖铺买烟,让小罗在杨某家中玩,托杨某照看。杨某给小罗拿了打火机和一些爆竹后,自己去厨房做饭。小罗在杨某院中玩耍时不慎将点燃的爆竹丢进杨某邻居王某院中,点燃了王某屋后堆积的干草,火势蔓延开。王某和杨某发现后立刻前来灭火。经清点,王某家中烧毁物品共计2000元。小罗过年收到压岁钱900元,平时攒下零花钱100元。王某应当找谁赔偿他的损失?

法律分析

罗某和范某离婚后,虽然儿子小罗由罗某一人照看,但未成年人小罗的监护人不会因为他只由一方抚养而改变。罗某和范某两人都是小罗的监护人。小罗不慎点燃王某家中物品造成损失,由于儿童往往没有承担责任的能力,故应当由监护人承担责任。所以,罗某和范某都应当

笔记区

为小罗造成的损失承担责任。同时，罗某将小罗托给杨某照看。杨某把易燃易爆物品交给小罗却没有妥善照顾，他对王某家的损失也有过错，应当按照他的过错大小承担一部分责任。所以，王某可以分别找罗某、范某和杨某赔偿。

假设过错分配结果为杨某承担20%，小罗承担80%，小罗的责任由他的父母替他承担。在这种情况下，王某应当找罗某和范某赔偿1600元的损失，找杨某赔偿400元的损失。因为各方当事人承担的是按份责任，所以王某不能找任何一方让其赔偿全部损失，只能分别请求赔偿。小罗有压岁钱和零用钱共1000元，对于小罗承担过错的部分应当先用小罗的1000元支付，还有600元的不足部分由罗某和范某补足。

知识链接

《中华人民共和国民法典》第一千一百八十八条 无民事行为能力人、限制民事行为能力人造成他人损害的，由监护人承担侵权责任。监护人尽到监护职责的，可以减轻其侵权责任。

有财产的无民事行为能力人、限制民事行为能力人造成他人损害的，从本人财产中支付赔偿费用；不足部分，由监护人赔偿。

《中华人民共和国民法典》第一千一百八十九条 无民事行为能力人、限制民事行为能力人造成他人损害，监护人将监护职责委托给他人的，监护人应当承担侵权责任；受托人有过错的，承担相应的责任。

纠纷解决技巧

因为儿童没有承担民事责任的能力，所以当儿童造成他人损害时，其责任需要由监护人(通常是他的父母)来承担。儿童的监护人有责任关注儿童的一切言行，在离开儿童的时候，要找到合适的人帮忙照顾，避免儿童对自己或他人的身体、财产造成伤害。受托监护儿童的人同样也需要关注儿童的言行，对其负责，如果受托人尽到了监护职责的，对儿童造成的损失不用承担赔偿责任；如果受托人没有尽到监护职责的，则需要承担责任。对于儿童一方所需要承担的赔偿责任，如果儿童有财产的，应当先用其财产进行支付，不够的部分才需要由其监护人赔偿。

试题

小李和小孙一起去张老师家玩。因怀疑小孙偷拿了自己的橡皮，小李当着张老师的面将小孙推倒在地。小孙摔伤了膝盖。小孙的医药费应当找谁赔偿？(　　)①

A. 小李　　　　B. 张老师

C. 小李的父母　　D. 张老师和小李的父母

① 答案：D。

笔记区

▶ 20. 不满8周岁的儿童在校受到人身损害时，学校该如何承担责任？

案例

张某的儿子张某某(4岁)在甲镇的幼儿园上中班。一日,张某被通知张某某在幼儿园磕掉了门牙,随后立即前往学校接回张某某治疗,并花费了医疗费1000元。后张某经询问得知,张某某是和同村李某的儿子李某某在幼儿园打闹的过程中,被李某某推搡倒地,磕掉了门牙。张某便要求李某和幼儿园对其损失承担赔偿责任。在本案中,幼儿园是否需要承担赔偿责任呢?

法律分析

《中华人民共和国民法典》根据自然人的年龄、智力和精神健康情况,将自然人民事行为能力分为完全民事行为能力、限制民事行为能力和无民事行为能力三种。根据年龄,不满8周岁的未成年人属于无民事行为能力人;8周岁以上,不满18周岁的未成年人属于限制民事行为能力人;而年满18周岁的成年人为完全民事行为能力人。对于无民事行为能力的未成年人,当其在幼儿园、学校或者其他教育机构学习、生活时,短暂地脱离了父母的监护,这些机构便暂时成为这些未成年人的监管人,有教育和管理的职责。如果无民事行为能力的未成年人受到了人身损害,幼儿园、学校或者其他教育机构需要承担侵权责任,这里适用的是过错推定原则,即推定幼儿园、学校或其他教育机构没有尽到教育、管理职责,这也是出于对无民事行为能力的未成年人保护的考虑。当然,如果幼儿园、学校或者其他教育机构能够举证证明其已经尽到职责,则可以不承担侵权责任。

本案中的张某某只有 4 岁,为无民事行为能力人。问题的关键在于,甲镇的幼儿园能否举证证明其尽到了教育、管理职责,即在张某某和李某某的打闹过程中是否注意到了张某某和李某某的打闹情形并对两个未成年人进行了合理的劝阻和教育。如果学校无法证明,则要对张某某受到的人身损害承担侵权损害赔偿责任。若学校可以证明,则应当由李某某的监护人承担赔偿责任。

知识链接

《中华人民共和国民法典》第一千一百九十九条 无民事行为能力人在幼儿园、学校或者其他教育机构学习、生活期间受到人身损害的,幼儿园、学校或者其他教育机构应当承担侵权责任;但是,能够证明尽到教育、管理职责的,不承担侵权责任。

笔记区

纠纷解决技巧

需要注意的，只有无民事行为能力人在教育机构受到人身损害时，如人身伤害、伤残、死亡等，才可以适用本案例中的纠纷解决方案，并不包括无民事行为能力人受到其他损害的情景，如财产损害等。此外，还要满足特定的时间条件和空间条件，即未成年学生需在幼儿园、学校或其他教育机构内，或虽未在幼儿园、学校或其他教育机构内，但仍处于相应教育机构的管理、控制范围之内，如参加教育机构组织的校外春游，同时其正处在学习、生活期间。只有在这样的情形下，教育机构才负有妥善管理和照顾未成年学生的义务，承担侵权责任，除非其可以证明事故发生时自己尽到了相关的职责。

试题

张某的儿子(7 岁)在甲镇的小学学习的过程中，不慎摔倒造成轻微脑震荡，在治疗的过程中花去了 1000 元的医疗费，在本案中应由(　　)。①

A. 张某承担全部损失

B. 张某的儿子承担全部损失

C. 甲镇的小学承担侵权责任

D. 张某儿子的班主任承担侵权责任

---

① 答案:C。

笔记区

21.8 周岁以上的未成年学生在校受到人身损害时,学校该如何承担责任?

案例

叶某的女儿(14 岁)在甲镇的中学上初二。一日,叶某接到通知,称其女儿课间在操场运动时不慎跌倒,导致左臂骨折,叶某即送其女儿前往乡镇卫生院治疗。后叶某要求学校承担侵权责任,赔偿其损失,但学校认为叶某女儿受伤的结果并非其疏于管理造成,故不应承担侵权赔偿责任。在本案中,学校是否应当承担侵权责任呢?

法律分析

根据案例20 的分析可知,叶某的女儿14 岁,属于限制民事行为能力人。根据《中华人民共和国民法典》第1200条的规定,限制民事行为能力人在学校或者其他教育机构学习、生活期间受到人身损害的,适用的是过错责任原则,只有学校或其他教育机构未尽到教育、管理职责的时候才承担侵权责任。因此,这就要求限制民事行为能力的未成年人一方要证明学校没有尽到教育、管理职责。如果无法证明,则无法要求学校承担赔偿责任。对比案例20 可以发现,法律对限制民事行为能力的未成年人的保护程度要

笔记区

低于无民事行为能力的未成年人。因为限制民事行为能力的未成年人毕竟对自己的行为有更强的控制能力，学校的注意义务也更少一些。但在一些特殊情形下，例如，学校在履行其管理职责的时候有所疏漏，从而没有对学校的学生参与打架斗殴的事件做到很好的监管，导致学生参与打架斗殴并且有学生受伤，通常学校需要在其过错限度内担责。

知识链接

《中华人民共和国民法典》第一千二百条 限制民事行为能力人在学校或者其他教育机构学习、生活期间受到人身损害，学校或者其他教育机构未尽到教育、管理职责的，应当承担侵权责任。

纠纷解决技巧

从案情来看，叶某的女儿是在运动的时候自己摔倒导致的骨折，并非学校没有尽到教育、管理职责造成的，不能要求学校承担侵权责任。但在其他一些情形下，如叶某及其女儿能够证明叶某的女儿摔倒是学校没有对操场进行合理的修整，在操场上堆放杂物，使学生在操场上运动存在安全隐患，叶某女儿也因此在运动时被绊倒，则可以认为学校没有尽到教育、管理职责，此时，叶某可以要求学校承担侵权责任。而什么是“尽到责任”呢？主要包括下面几点：确保校舍、场地、设施安全；提供符合安全标准的食品、药品、饮用水等；有良好的安全保卫措施和安全教育制度；突发疾病或受到伤害时及时采取救治措施；对教师及其他员工进行了资格审查与教育管理。

试题

甲镇一中学，两个学生因一些矛盾发生口角，后争执越发激烈，其中一名学生乙出手将另一名学生丙打伤，在本案中，学生丙的损害后果应当由谁承担？（　　）[1]

A. 由乙及其监护人承担全部侵权责任

B. 由丙及其监护人承担全部侵权责任

C. 由学校承担全部侵权责任

D. 由乙及其监护人和学校承担侵权责任

---

① 答案：D。

笔记区

22. 学生在校受到校外人员侵害时，学校该如何承担责任？

案例

13岁的小明在镇上初中就读。某天，在学校大门口，几个社会青年凑到小明旁边，对小明说，只要小明肯交100元，以后小明在学校就不会受欺负。小明觉得这是收取保护费的行为，就没有理会他们的要求，径直向教室走去。不料，这几个社会青年随后跟了上来，把小明打伤。后经调查，学校保卫措施存在较大疏漏，导致校外人员可以随意进出。针对小明遭受的损害，该如何承担责任？

法律分析

在通常情况下，无民事行为能力人或者限制民事行为能力人在幼儿园、学校或者其他教育机构学习、生活期间，如果受到了幼儿园、学校或者其他教育机构以外的第三人(校外人员)造成的人身损害，则应当由校外人员承担侵权责任，而学校等教育机构无须担责。但学校等教育机构对这些未成年人负有妥善管理和照顾的职责，如果其没有尽到管理职责，则应当承担相应的补充责任，即对实施侵害行为的校外人员无力赔偿的部分，承担赔偿责任。同时，

笔记区

毕竟损害结果是由校外人员造成的,因此幼儿园、学校或者其他教育机构在承担补充责任后,可以向校外人员追偿。本案中,小明遭受的损害,是由校外的几个社会青年造成的,这几个青年应当承担侵权责任。此外,该中学因其安保工作存在较大疏漏,未尽到管理职责,应当承担相应的补充责任。

知识链接

《中华人民共和国民法典》第一千二百零一条 无民事行为能力人或者限制民事行为能力人在幼儿园、学校或者其他教育机构学习、生活期间,受到幼儿园、学校或者其他教育机构以外的第三人人身损害的,由第三人承担侵权责任;幼儿园、学校或者其他教育机构未尽到管理职责的,承担相应的补充责任。幼儿园、学校或者其他教育机构承担补充责任后,可以向第三人追偿。

纠纷解决技巧

学生只要是处在教育机构的管理控制范围之内便可视为在学校等教育机构学习、生活,如学生参加学校组织的校外教学实践活动、春游或学校组织的接送学生上下学等,但不包括学生自行上学、放学途中或擅自离校期间等。同样,只有无民事行为能力人和限制民事行为能力人在教育机构受到人身损害时,如人身伤害、伤残、死亡等,才可

笔记区

以适用本案例中的纠纷解决方案,不包括受到其他损害的情景,如财产损害。

试题

某日傍晚,两名不明身份人员闯入甲村的中学,将该校一初一学生李某打伤,致使李某脾脏受伤后被切除。事后查明,该学校的安保措施存在严重疏漏,致使校外人员可以随意进出。在本案中,李某的监护人可以如何主张侵权责任?(　　)[①]

A. 主张施害者承担责任

B. 主张学校承担所有责任

C. 主张学校和施害者承担责任

D. 自己承担损失

① 答案:C。

笔记区

▶ 23. 参加体育活动发生损害时,其他参与人是否应当承担责任?

案例

为了丰富乡村生活和增强村民的健康水平,村里举行了一场篮球比赛。小李和小王平时酷爱体育运动,便积极报名参赛,并被分别分到了两个队伍中。然而在比赛过程中,小李和小王都十分渴望胜利,两人不断拼命地争抢和对抗。结果在一次抢篮板球的过程中,小李的手臂重重地撞击到小王,导致小王脚踝骨折。小王疼痛万分,立即被送往医院治疗。事后,小王要求小李赔偿自己遭受的损害。小李认为自己并不是故意的,一直拒绝赔偿。

法律分析

在正常情况下,无论侵害人是故意还是过失造成他人损害的,都应当承担相应的侵权责任。但《中华人民共和国民法典》第 1176 条第 1 款对参加具有一定风险的体育活动的情形作了例外规定,也即因其他参与者的行为受到损害的,受害人不可以向侵害人主张其赔偿自己的损失,除非侵害人对该损害结果的发生有故意或重大过失。

在本案中,篮球运动是典型的对抗性体育运动,身体

笔记区

碰撞是这项运动中的正常现象,属于《中华人民共和国民法典》第1176条规定的具有一定风险的体育活动。小李抢篮板球也是常规的篮球动作,并且,在这种高强度的对抗中,受伤是篮球队员都知道的、时常会发生的风险。因此,小李对小王受伤的结果不存在重大过失,只是一般过失或意外事件。综合来看,小王不得请求小李承担侵权责任,损失应当由小王自己承担。

知识链接

《中华人民共和国民法典》第一千一百七十六条第一款 自愿参加具有一定风险的文体活动,因其他参加者的行为受到损害的,受害人不得请求其他参加者承担侵权责任;但是,其他参加者对损害的发生有故意或者重大过失的除外。

纠纷解决技巧

除了篮球外,足球、棒球、网球等都是本案例中所说的具有一定风险的体育运动。在这些运动中发生损害时,都可以采取本案例中的纠纷解决方法。需要注意的是,只有在其他参与者的行为导致某个参与者损害的情形下,才可以不追究侵害人的民事责任,也即双方都是该体育活动的参与者。在侵害人重大过失的判断上,首先要看侵害人的行为是否为常规的体育动作。如果不是,则很有可能构成

笔记区

重大过失甚至是故意。在这种情况下,侵害人就应当承担相应的侵权责任。此外,如果赛事组织者对损害结果的发生有过错,未尽到安全保障义务的,应承担相应的赔偿责任。

试题

村里组织了一场足球比赛,甲担任守门员。比赛很是激烈,某刻,乙大力射门,飞速运转的足球砸伤了甲的眼睛。对于甲遭受的损害,该由谁来承担责任?(　　)①

A. 乙

B. 赛事组织者

C. 乙和赛事组织者

D. 甲自己

---

① 答案:D。

笔记区

24. 农用收割机等农用机械作业碰撞到人时，是否属于交通事故？

案例

某天，村民小王驾驶收割机在田间进行收割作业时，因收割机谷仓麦粒已满，小王便在驾驶舱进行麦粒倾倒操作，同村的小孙不知道小王已经进行了操作，便立马爬进收割机谷仓用脚往外踢麦粒，结果左脚被旋转轴割伤。小王的这台收割机投保了机动车交通事故责任强制保险（以下简称交强险）。对于小孙遭受的损害，小王要求保险公司承担赔偿责任。但保险公司认为，这不属于交通事故，不在交强险的赔偿范围之内，便拒绝赔偿。

法律分析

根据《机动车交通事故责任强制保险条例》第 2 条、第 43 条的规定，交强险的承保范围限于机动车在我国境内道路上发生交通事故，以及在道路以外的地方通行时发生事故的情形。本案中，是一辆农用小麦收割机在收割作业过程中致人损害，不应当属于交通事故，不在交强险的承保范围之内。理由如下：麦田不属于法律所规定的“道路以外”的地方。法律之所以将“道路以外”的地方所发生的交通事故列入交强险的承保范围之内，是考虑到这些“道路以外”的地方也经常会有机动车通行，承担一定的“交通”职责，类似于道路。但麦田除非在一些特别情形下，是不会有机动车通行的，民众从常识上来判断，也不会将麦田视作道路。因此，从事故发生的地点上来看，本案例中所发生的事故不符合交强险进行赔付的条件。此外，构成交通事故要求机动车处于通行中，也即在行驶过程中，并因为行驶而造成他人损害，常见的是撞到人或者其他机动车。本案中的收割机，即便可以认为其处于行驶过程中，但他人的损害是车上的收割装置所致，而并不是车辆的碰撞。因此，从事故的性质上来看，本案例中的事故同样不符合由交强险进行赔付的条件。因此，小王不可要求保险公司在交强险的范围内进行赔偿。

知识链接

《中华人民共和国道路交通安全法》第一百一十九条第一项、第五项　（一）“道路”，是指公路、城市道路和虽在单位管辖范围但允许社会机动车通行的地方，包括广场、公共停车场等用于公众通行的场所。

（五）“交通事故”，是指车辆在道路上因过错或者意外造成的人身伤亡或者财产损失的事件。

《机动车交通事故责任强制保险条例》第三条　本条

笔记区

例所称机动车交通事故责任强制保险，是指由保险公司对被保险机动车发生道路交通事故造成本车人员、被保险人以外的受害人的人身伤亡、财产损失，在责任限额内予以赔偿的强制性责任保险。

最高人民法院《关于审理道路交通事故损害赔偿案件适用法律若干问题的解释》第二十五条　机动车在道路以外的地方通行时引发的损害赔偿案件，可以参照适用本解释的规定。

纠纷解决技巧

解决该类纠纷，首要的就是判断事故是否发生在道路以及道路以外的地方。“道路”，根据民众的一般常识，不难作出判断：主要是指公路、城市道路以及民众可以通行的广场、公共停车场等。而“道路以外”的地方，民众通常不能很直观地作出判断，总体来看，往往是指：(1)城市巷弄或村间路，或者自行修建并自行负责管理的路面；(2)用于田间耕作的水泥路等机耕路；(3)村民宅前宅后建造的路段或自然通车形成的路面；(4)小区内楼群之间的路面；(5)机关、团体、单位的内部路面，厂矿、火车站、机场、港口、货场内的专用路面；(6)晾晒作物的场院；(7)未竣工或已竣工未移交公安交通部门管理的路段等。

如果事故不是发生在道路以及道路以外的地方，即便是机动车在行驶中造成他人损害，也不属于交通事故。例如，如果本案中的收割机在麦田中行驶时撞伤他人，同样不属于交通事故，而应按照一般的侵权案件处理。

笔记区

试题

某日，村民甲驾驶一辆农用拖拉机在田地中犁地时，不小心撞伤了在一旁帮忙的村民乙。随后，乙要求甲承担侵权责任。对此，下列哪一选项是正确的？（　　）①

A. 事故的发生地属于道路

B. 该事故属于交通事故

C. 该事故不在拖拉机交强险的承保范围内

D. 甲无须承担侵权责任

---

① 答案：C。

笔记区

▶ 25. 借用他人机动车发生交通事故时，责任该如何分配？

案例

刘某和王某是同村村民。王某为了将收割的小麦拉到镇上出售而向刘某借车。刘某明知王某未取得驾驶证，仍将自己的小型面包车(投保了交强险)借给其使用。王某驾驶该面包车行驶至某十字路口时闯红灯，撞上正在过马路的王二，造成王二重伤。经交管部门调查认定，此次事故王某负全部责任。王二与王某多次协商，未能就赔偿数额达成一致，于是向法院起诉请求保险公司、刘某、王某三方承担赔偿责任。刘某不解：人又不是我撞的，我为什么还要承担责任呢？

法律分析

首先，驾驶人未取得驾驶资格发生道路交通事故，造成他人人身损害的，保险公司应在交强险责任限额范围内予以赔偿；若投保商业险的，再由商业险赔偿。在本案的交通事故中，行人王二并无责任，因此，交通事故给王二造成的人身损害，应由保险公司在交强险限额内予以赔偿。该车辆并未投保其他商业保险，无法进行商业保险的赔偿。

其次，在交强险限额范围内赔偿后不足的部分，由机动车的使用人承担赔偿责任。王某作为车辆的使用人对于该车具有直接的运行支配力并且享有运行利益，其没有驾驶资格仍驾驶车辆擅闯红灯，具有明显过错，理应对此次事故承担赔偿责任。

最后，机动车的所有人、管理人对损害的发生有过错的，就其过错承担相应赔偿责任。在本案中，刘某并未直接造成王二的重伤，但其作为车辆的所有人，明知王某没有驾驶资格却仍将车辆借给王某驾驶，放任了危险的发生，应当承担与自己过错相适应比例的责任。

知识链接

《中华人民共和国民法典》第一千二百零九条 因租赁、借用等情形机动车所有人、管理人与使用人不是同一人时，发生交通事故造成损害，属于该机动车一方责任的，由机动车使用人承担赔偿责任；机动车所有人、管理人对损害的发生有过错的，承担相应的赔偿责任。

《中华人民共和国民法典》第一千二百一十三条 机动车发生交通事故造成损害，属于该机动车一方责任的，先由承保机动车强制保险的保险人在强制保险责任限额范围内予以赔偿；不足部分，由承保机动车商业保险的保

笔记区

险人按照保险合同的约定予以赔偿;仍然不足或者没有投保机动车商业保险的,由侵权人赔偿。

最高人民法院《关于审理道路交通事故损害赔偿案件适用法律若干问题的解释》第一条 机动车发生交通事故造成损害,机动车所有人或者管理人有下列情形之一,人民法院应当认定其对损害的发生有过错,并适用民法典第一千二百零九条的规定确定其相应的赔偿责任:

(一)知道或者应当知道机动车存在缺陷,且该缺陷是交通事故发生原因之一的;

(二)知道或者应当知道驾驶人无驾驶资格或者未取得相应驾驶资格的;

(三)知道或者应当知道驾驶人因饮酒、服用国家管制的精神药品或者麻醉药品,或者患有妨碍安全驾驶机动车的疾病等依法不能驾驶机动车的;

(四)其他应当认定机动车所有人或者管理人有过错的。

纠纷解决技巧

机动车的所有人在自己驾驶车辆时要遵守法律法规,安全驾驶,以保障自己和他人的安全。同时,在向他人出借自己所有的车辆时也不能疏忽大意。在知道自己车辆有缺陷、借用人没有驾驶资格或者存在不能驾驶车辆的情形时,应当拒绝出借。机动车所有人往往觉得车辆一旦出借,无论发生什么都与自己无关,这样的想法是错误且危险的。当出借车辆发生交通事故时,车辆所有人只要存在过错,就应当承担责任。因此,借用他人车辆的使用者应当遵守法律法规,谨慎驾驶,出借车辆的所有者也应当尽到必要的注意义务,谨慎出借。

笔记区

试题

王二将自己的小轿车(已投保)借给有驾驶资格的赵四迎亲。赵四以正常速度驾驶该车途中,突遇行人在非人行道横穿马路。虽然赵四紧急刹车,但仍将其撞伤。保险公司在交强险限额范围内支付保险金后,该行人尚有一部分损害未获赔偿。对于这部分损害赔偿费用应当如何承担?(　　)[1]

A. 由王二承担全部赔偿责任

B. 由赵四承担部分赔偿责任

C. 由赵四承担全部赔偿责任

D. 由该行人自己承担

---

① 答案:B。

笔记区

26. 私自使用他人机动车发生事故时,责任该如何分配?

案例

小王将其新购买的小轿车停放在村口马路边并锁好车门。同村的小李虽然有驾驶证,但是之前开的都是面包车,看到村里第一辆小轿车忍不住想体验一下。小李决定偷开一会儿后放回原处,于是在未经小王同意的情况下,用铁丝将车锁撬开后驾驶小王的小轿车。没想到刚开上马路就撞上驾驶电动车同方向行驶的小张,造成其腿骨及肋骨骨折、电动车损坏。交警认定小李负此次事故的全部责任。小王的车辆仅投保了交强险,还未来得及投保其他商业保险。保险公司在限额范围内向小张支付了保险金。针对保险金不足以弥补的部分,小李要求小王和自己共同承担。小王觉得很委屈,不知道自己是否应当承担这部分的赔偿。

法律分析

首先,小李驾驶机动车辆发生交通事故造成小张的人身和财产损害,由保险公司在交强险责任限额范围内对小张予以赔偿。不足的部分由车辆的使用人小李承担责任进行赔偿。

其次，要对小李偷开小王机动车的行为进行定性。小李对于小王的机动车并没有占有的目的，仅想试驾一下就放回原地，因此不构成盗窃、抢劫、抢夺等犯罪行为，属于《中华人民共和国民法典》第1212条规定的“未经允许驾驶他人机动车”的情形。在此情形下，若作为该机动车所有人的小王存在过错，则应当承担相应的赔偿责任；若无过错，则无须对该交通事故承担责任。本案中，小王将车辆锁好停放在路边，并无任何过错，无须承担责任。小李要求小王共同对小张进行赔偿并无法律根据。

知识链接

《中华人民共和国民法典》第一千二百一十二条 未经允许驾驶他人机动车，发生交通事故造成损害，属于该机动车一方责任的，由机动车使用人承担赔偿责任；机动车所有人、管理人对损害的发生有过错的，承担相应的赔偿责任，但是本章另有规定的除外。

纠纷解决技巧

在擅自驾驶他人机动车发生交通事故的纠纷中，虽然从表面上看，机动车辆的所有人并未直接作出侵害他人权益的行为，但是如果其未尽到对于车辆的管理、注意义务，对交通事故的发生存在一定过错，则需要按照其过错程度

笔记区

承担一定比例的赔偿责任。本案中,小王将车辆锁好停在适当位置,并无过错,所以无须承担责任。现实中,当该类交通事故的受害人请求赔偿时,要根据事故的实际侵害情况来确定赔偿责任的主体,以便有效解决纠纷,维护权益。

试题

小蔡在饭店用餐后将其小轿车的车钥匙留在饭店前台,并告知工作人员次日再来开车。后小梁来到该饭店,看到小轿车停放在饭店门口且车钥匙放在饭店前台,在未告知任何人的情况下从前台取走钥匙将车辆开走,行驶至某路段时与小杰相撞,造成小杰受伤及车辆受损的交通事故。经交警认定,小梁负事故全部责任。以下说法正确的是(　　)。①

A. 小蔡无须承担赔偿责任

B. 小蔡承担部分赔偿责任

C. 饭店承担全部赔偿责任

D. 小梁无须承担赔偿责任

① 答案:A。

笔记区

27. 营运机动车的挂靠人与被挂靠人,是否均是事故责任主体?

案例

村民小王用外出务工攒下的一笔钱加上贷款购买了一辆重型厢式货车,准备从事货运经营。由于小王没有货运资质,他便将该货车挂靠在亲戚小田在城里开的某货运公司。某日,小王驾驶车辆运送货物行驶至国道,因下雨视线不好未看清路中的行人李某,在慌乱避让过程中,车辆先撞到李某,后驶入对向车道与张某驾驶的小客车相撞,造成行人李某、小客车驾驶员张某两人死亡,小客车及货车严重受损。交警作出道路交通事故书认定:货车一方应负该事故的全部责任。那么,肇事车辆的实际车主小王与被挂靠人某货运公司是否都应当对这次交通事故承担赔偿责任呢?

法律分析

机动车挂靠运营,通常是指没有相应运输经营资质的个人或单位经具有运输经营资质的单位同意,将其机动车以该单位名义对外进行运输经营的情形。其中,车辆所有人就是挂靠人,运输企业为被挂靠人。由此可见,

笔记区

此挂靠的实质就是具有道路运输经营许可证的运输企业向不具备道路运输经营资格的挂靠人非法出借相应资质的行为。

本案中,小王不具有道路运输经营资格,于是将自己的货车挂靠在具有资质的某货运公司,后运输货物时发生交通事故造成损害。根据《中华人民共和国民法典》第1211条关于挂靠机动车交通事故责任的法律规定,以挂靠形式从事道路运输经营活动的机动车,发生交通事故造成损害,属于该机动车一方责任的,由挂靠人和被挂靠人承担连带责任。被挂靠人某货运公司允许不具有道路运输经营资格的小王使用自己的名义进行运输经营,实际上是对挂靠人小王进行运输经营可能造成危险的放任,对于危险的发生存在明显过错。挂靠人小王明知自己不具有运营资质而挂靠他人名义运营,具有明显过错,且作为机动车的使用人,对事故的发生亦是当然的责任主体。

因此,在此次交通事故中,应当首先由对该肇事货车承保的保险人在限额范围内承担赔偿责任,不足的部分由被挂靠的某货运公司与挂靠人小王承担连带责任,即受害人可以请求二人中任一人或者二人共同承担侵权责任。虽然在实践中,根据挂靠人是否向被挂靠人交纳一定的挂靠费为标准,挂靠可分为有偿挂靠和无偿挂靠,但《中华人民共和国民法典》相关规定中对于挂靠,并未区分有偿与无偿,因而挂靠行为的有偿与否均不影响挂靠经营情形下被挂靠人承担责任。

笔记区

知识链接

《中华人民共和国民法典》第一千二百一十一条 以挂靠形式从事道路运输经营活动的机动车,发生交通事故造成损害,属于该机动车一方责任的,由挂靠人和被挂靠人承担连带责任。

纠纷解决技巧

实际上,机动车挂靠是违背行政许可、规避国家有关行业准入制度的行为,在法律上应给予否定性评价。但由于在实践中,这种情形及由此引发的纠纷比较多,因此在法律上有必要对有关责任承担规则予以明确。《中华人民共和国民法典》对于挂靠经营情形下的交通事故责任承担作出相应规定,有利于保护受害人,让受害人能够得到及时有效的赔偿。在挂靠机动车交通事故案件中,受害人可以主张挂靠人和被挂靠人共同承担民事责任,以便维护自己的合法权益,获得合理的赔偿。

笔记区

试题

张某将车辆挂靠在出租公司进行出租营利性经营，后发生交通事故，使行人李某重伤。此属于出租车一方的责任，该由谁来承担？（　　）[①]

A. 仅由张某承担

B. 仅由出租公司承担

C. 仅由保险公司承担

D. 由张某和出租公司承担连带责任

① 答案：D。

笔记区

28. 交通事故发生后，保险公司该如何承担责任？

案例

小赵在镇上经营了一家饭店，每天辛勤劳动，生意蒸蒸日上。为了控制成本和保证材料的质量，小赵打算每天亲自去进货。于是，小赵购得小面包车一辆，以方便日常进货。在4S店销售的指导下，小赵为这辆小面包车办理了交强险和最高赔偿额为50万元的机动车第三者商业责任险（以下简称三责险）。某天早晨，小赵开着这辆车去进货时，由于市场里道路较窄，再加上小赵的车技并不是很熟练，倒车时竟一脚油门下去，直接冲进了小张开的茶叶店里，将店里撞得一片狼藉。事后经过统计，虽然没有人员伤亡，但造成的财产损失达60万余元。随后，在赔偿小张损失时，小赵想起了自己所购买的保险，但不知道具体该如何向保险公司要求赔付。

法律分析

根据《中华人民共和国民法典》第1213条的规定，机动车发生交通事故的，属于该机动车一方责任的，应当先由该机动车所投保的交强险赔付，不够赔偿受害人的，有

笔记区

其他机动车商业险的，由商业险进行赔付。最后仍然不够赔偿受害人的或者没有投保商业险的，由肇事者继续赔偿。此外，根据中国银保监会《关于实施车险综合改革的指导意见》，交强险赔偿财产损害的最高额度仍为2000元。

本案中，由于小赵自己操作机动车不当，给小张造成了60余万元的财产损失。首先，应当由小赵为该机动车投保的交强险进行赔付，最多只能赔付2000元。其次，再由所投保的三责险进行赔付，最多能赔付50万元。剩余的部分则应当由小赵予以赔偿。需要注意的是，赔偿顺序是有要求的。在造成损害时，首先要由交强险赔付，随后是商业险，最后只有在前两者加起来赔付数额不够或者没有投保商业险时，才由小赵进行赔偿。

知识链接

《中华人民共和国民法典》第一千二百一十三条　机动车发生交通事故造成损害，属于该机动车一方责任的，先由承保机动车强制保险的保险人在强制保险责任限额范围内予以赔偿；不足部分，由承保机动车商业保险的保险人按照保险合同的约定予以赔偿；仍然不足或者没有投保机动车商业保险的，由侵权人赔偿。

中国银保监会《关于实施车险综合改革的指导意见》

笔记区

二、提升交强险保障水平(四)提高交强险责任限额 为更好发挥交强险保障功能作用,根据《机动车交通事故责任强制保险条例》,银保监会会同公安部、卫生健康委、农业农村部研究提高交强险责任限额,将交强险总责任限额从12.2 万元提高到20 万元,其中死亡伤残赔偿限额从 11 万元提高到 18 万元,医疗费用赔偿限额从 1 万元提高到 1.8 万元,财产损失赔偿限额维持 0.2 万元不变。无责任赔偿限额按照相同比例进行调整,其中死亡伤残赔偿限额从1.1万元提高到 1.8 万元,医疗费用赔偿限额从 1000 元提高到 1800 元,财产损失赔偿限额维持 100 元不变。

纠纷解决技巧

解决机动车交通事故所导致的保险公司赔付问题时,要注意应当承担责任的机动车一方是否投保了商业险以及商业险的种类和最高赔偿额度。这直接影响肇事者是否要继续赔偿受害人和赔偿的数额。就三责险而言,最高赔偿数额由投保人和保险公司在签订保险合同时确定,一般分为 5 万元、10 万元、20 万元、50 万元、100 万元和 100 万元以上不超过 1000 万元这 6 个档次,投保人应当根据自身情况综合慎重考虑,选择合适的投保档次。

笔记区

试题

甲开车不小心撞伤了同村的乙，在治疗中乙共花费了8万元。甲的车投保了交强险和最高赔偿额为5万元的三责险，甲还需要赔偿乙多少钱？（　　）①

A. 8万元　　B. 1.2万元

C. 3万元　　D. 5万元

① 答案：B。

笔记区

29. 买来的拼装车或报废车发生事故时,卖家是否应当担责?

案例

小刘是一辆微型普通客车的登记所有人。该客车的强制报废期为2020年10月1日。小刘在报废期前将该车转让给同村的小陈。2020年11月1日至2021年2月1日,该客车又经过了两次转手,由小陈转让给小李,再由小李最终转让给小王。因为车辆已经超过强制报废期,属于已经达到报废标准的机动车,故而未能投保交强险。2021年4月,小王驾驶该机动车行驶至村口一坑洼路段时与小华的人力三轮自行车相撞,导致小华重伤。经交警部门认定,小王负此次事故的全部责任。但小王无力赔偿,该如何处理?

法律分析

以买卖或者其他方式转让拼装或者已达到报废标准的机动车,发生交通事故造成损害的,由转让人和受让人承担连带责任。因为以买卖等方式转让拼装或者已达报废标准的机动车的行为本身已经违反了国家的禁止性规定,是违法行为。转让人与受让人双方皆有过错在先。所

笔记区

以,在此种情形下发生交通事故造成损害的,二者应当承担连带责任。同时,因为拼装或者已达到报废标准的机动车无法投保,即使投保也是以欺诈手段办理(保险人可撤销保险合同拒付保险金),所以不存在向受害人或者赔偿权利人支付保险金的保险人。

本案中,小华要求小陈、小李、小王承担连带责任进行赔偿,应予支持。但小华要求小刘对本次交通事故承担连带责任,不应支持。因为小刘转让该机动车是在该车规定的报废日期届满前,为合法转让,并不存在过错,因此不应当对此事故承担责任。

知识链接

《中华人民共和国民法典》第一千二百一十四条 以买卖或者其他方式转让拼装或者已经达到报废标准的机动车,发生交通事故造成损害的,由转让人和受让人承担连带责任。

最高人民法院《关于审理道路交通事故损害赔偿案件适用法律若干问题的解释》第四条 拼装车、已达到报废标准的机动车或者依法禁止行驶的其他机动车被多次转让,并发生交通事故造成损害,当事人请求由所有的转让人和受让人承担连带责任的,人民法院应予支持。

《中华人民共和国道路交通安全法》第十四条 国家

实行机动车强制报废制度,根据机动车的安全技术状况和不同用途,规定不同的报废标准。

笔记区

应当报废的机动车必须及时办理注销登记。

达到报废标准的机动车不得上道路行驶。报废的大型客、货车及其他营运车辆应当在公安机关交通管理部门的监督下解体。

纠纷解决技巧

拼装车及报废车一般都是已经无法达到安全技术标准的车辆,上路行驶会造成安全隐患。同时,因为这种车辆转让价格便宜,一旦发生交通事故,肇事方为逃避责任,往往弃车逃逸,增加了当事人获得赔偿的难度。我国相关法律规定拼装车、报废车等此类车辆的转让人和受让人,对于因此发生的交通事故都应当承担连带责任,既有利于对损害的救济,也有利于惩戒和预防此类行为的发生。

试题

甲厂用其他车上拆下来的配件组装成拼装汽车卖给乙,乙在驾驶途中因刹车装置失灵,致使丙受到身体损害,对于丙的损害赔偿责任,下列表述正确的是(　　)。①

① 答案:C。

笔记区

A. 应由甲厂承担责任

B. 应由乙承担责任

C. 应由甲厂和乙承担连带责任

D. 应由丙自行承担责任

笔记区

▶ 30. 因机动车产品缺陷而发生事故时，可否请求生产者或销售者担责?

案例

春节前夕，王二驾驶自己的小轿车去邻村接父母一起过年。在行驶途中，王二为躲避对向来车而紧急刹车，不料刹车失灵，使车辆撞向路边石墩，造成车辆严重损毁、王二受伤的交通事故。经交通管理部门认定，王二负事故的全部责任。事故发生时，王二及对向来车均正常行驶无违章行为，因为刹车失灵撞上石墩导致王二重伤。王二认为，其损伤正是由于该机动车的刹车制动系统质量不合格，便要求车辆生产公司承担赔偿责任。

法律分析

机动车交通事故责任，是指机动车的所有人或者使用人在机动车发生交通事故造成他人人身伤害或者财产损失时所应承担的侵权损害赔偿责任。产品责任，是指产品存在缺陷发生侵权，造成他人损害，生产者、销售者等所应当承担的侵权责任。根据最高人民法院《关于审理道路交通事故损害赔偿案件适用法律若干问题的解释》的规定，机动车存在产品缺陷导致交通事故造成损害的，当事人有权请求生产

笔记区

者或者销售者依照关于产品责任的规定承担赔偿责任。

在本案中,事故车辆刹车系统存在质量缺陷,因而在车辆行驶过程中失灵,导致此次交通事故的发生并造成王二人身和财产损害。因此,依照法律规定,王二有权要求车辆生产公司承担产品侵权责任。

知识链接

最高人民法院《关于审理道路交通事故损害赔偿案件适用法律若干问题的解释》第九条 机动车存在产品缺陷导致交通事故造成损害,当事人请求生产者或者销售者依照民法典第七编第四章的规定承担赔偿责任的,人民法院应予支持。

《中华人民共和国民法典》第一千二百零二条 因产品存在缺陷造成他人损害的,生产者应当承担侵权责任。

《中华人民共和国民法典》第一千二百零三条 因产品存在缺陷造成他人损害的,被侵权人可以向产品的生产者请求赔偿,也可以向产品的销售者请求赔偿。

产品缺陷由生产者造成的,销售者赔偿后,有权向生产者追偿。因销售者的过错使产品存在缺陷的,生产者赔偿后,有权向销售者追偿。

纠纷解决技巧

当机动车是由于产品存在设计、配件等缺陷而发生交通事故造成人身财产损害时,事故的受害者有权请求直接侵权人承担赔偿责任，也有权请求机动车的生产者或者销售者承担相应的赔偿责任。实际上，由于被侵权人往往并不清楚交通事故致其损害的原因中是否存在机动车缺陷的因素，故其索赔的对象一般只是造成交通事故的机动车的驾驶人、使用人或所有人。如果在案件审理中，机动车的生产者或销售者未作为第三人参加诉讼，机动车的驾驶人、使用人或所有人也未提出相应的抗辩，其在承担了对被侵权人的相应赔偿责任后，有权以机动车缺陷系造成交通事故的全部或部分原因为由，另行向机动车的生产者或销售者追偿。

笔记区

试题

金某雨天驾驶车辆。地面湿滑导致车辆侧翻，从而造成金某受伤、车辆受损的交通事故。事故发生时，因车辆安全气囊存在质量缺陷未能及时弹开，导致金某重伤。以下说法正确的是(　　)。[①]

A. 金某无权请求机动车生产公司承担赔偿责任

B. 金某无权请求机动车销售公司承担赔偿责任

C. 金某应当自行承担全部责任

D. 金某有权请求机动车生产公司承担相应赔偿责任

① 答案：D。

笔记区

31. 在道路上“晒粮食”导致事故发生时，责任该如何承担？

案例

正值夏收时节，村民小王为了抢收，将一些不方便机器处理的小麦摊放到马路上，希望通过过往的车辆不断碾压小麦达到打谷收麦的效果。道路管理单位多次提醒小王不可以这样做，并让他把摊放的小麦都收起来，但小王都不以为然，拒绝改正。某天，邻村小郭骑着电动车去镇上办事，经过小王所摊放的小麦时，车子突然打滑，连人带车一起重重摔倒，小郭被诊断为轻度脑震荡和手臂骨折，花去医药费2万余元，并耽误小郭工作达数月。事后，小郭要求小王赔偿其所受损失。

法律分析

首先，小王在马路上摊放小麦的行为有很强的社会危害性。车辆在上面行驶时，车轮与地面的附着力大幅度降低，极易发生打滑甩尾现象。而且，摊放的小麦在阳光的照射下很容易反光，扬起来的脱粒、糠絮等也会对机动车驾驶员的视线造成极大干扰。《中华人民共和国道路交通安全法》第31条明确规定，未经许可，任何人不得占用道路进行与交通无关的活动。摊放小麦显然与交通无关。因此，小王的行为是一种具有严重危害性的违法行为。其次，小王对损害的发生具有过失。在道路管理单位多次提醒后，其已经意识到了危险可能会发生却轻信能够避免，甚至放任损害结果的发生。因此，小王应当承担侵权责任。同时，道路管理单位虽然多次提醒小王整改，但没有进一步主动清理小麦，设置防护、警示装置等，存在管理不力的问题，也应承担相应的责任。

知识链接

《中华人民共和国道路交通安全法》第三十一条 未经许可，任何单位和个人不得占用道路从事非交通活动。

《中华人民共和国民法典》第一千二百五十六条 在公共道路上堆放、倾倒、遗撒妨碍通行的物品造成他人损害的，由行为人承担侵权责任。公共道路管理人不能证明已经尽到清理、防护、警示等义务的，应当承担相应的责任。

纠纷解决技巧

要求行为人承担侵权责任，需要从以下方面进行考虑。首先，行为人的行为应当是一种具有社会危害性的违法行为，而非普通的生活行为。因此，解决该类纠纷时，首要的是明确在马路上摊晒粮食是一种违法行为，如果因此

笔记区

造成他人损害,就应当承担侵权责任。这种行为从表面上来看,并没有直接侵害到他人的权益,因此不少村民都习以为常。应当加大宣传力度和管理力度,让村民充分意识到这种行为的严重危害性,自觉改正。其次,要注意道路管理单位是否尽到了清理、防护、警示等义务,如果没有,则其也要承担相应的责任。

试题

村民甲在马路上摊晒粮食,在粮食周围摆了啤酒瓶、石头等障碍物。乙开车经过时,为了躲避障碍物,猛打方向,结果车辆发生了侧翻,乙受伤严重。对该损害,谁应当承担责任?(　　)①

A. 甲

B. 乙

C. 甲和道路管理单位

D. 道路管理单位

---

① 答案:C。

笔记区

▶ 32. 交通事故发生后驾驶人逃逸时，受害人的民事权益如何得到救济？

案例

小任在驾驶饲料运输货车时，因注意力不集中，刹车不及时，撞倒了在村间道路上行走的村民小赵。由于害怕高额赔偿，出于侥幸心理，小任立即选择了加速行驶逃离现场，留下事故现场受伤的小赵。路过的村民及时拨打了救援电话，经过抢救，小赵得到了及时的救治，脱离了生命危险，但是仍需要住院察看，无法继续工作。后交警出具了交通事故认定书，认定小任属于肇事逃逸，应负事故全部责任。小赵应当如何维护自己的民事权益并且得到赔偿？

法律分析

首先，根据交通事故认定书的内容，小任属于交通肇事逃逸。如果小赵并无过错，则小任应当承担全部责任。由于小任属于肇事逃逸，故小赵无法第一时间向小任要求赔偿损失，在抢救过程中需要个人或家人自行支付费用，也可以依据《中华人民共和国道路交通安全法》第 75 条的规定，向道路交通事故社会救助基金申请垫付全部或者部分费用。

笔记区

其次,需要明确小赵可以申请哪些种类的赔偿。根据《中华人民共和国民法典》第1179条的规定,人身损害赔偿的项目包括:医疗费、护理费、交通费、营养费、住院伙食补助费等为治疗和康复支出的合理费用,以及因误工减少的收入。造成残疾的,还应当赔偿辅助器具费和残疾赔偿金;造成死亡的,还应当赔偿丧葬费和死亡赔偿金。根据《中华人民共和国民法典》第1182条的规定,侵害人身权益造成财产损失的还应承担相应的赔偿责任。小赵可以对照自身情况,要求小任赔偿医疗费、误工费、护理费等费用。

确认赔偿费用的种类和金额后,小赵可以向公安机关交通管理部门请求调解。如果小任不同意协商结果,小赵也可以向人民法院提起民事诉讼。小任应当及时支付赔偿。如果参与保险则可以要求保险公司在责任限额范围内支付抢救费用。若小赵申请道路交通事故社会救助基金,小任也有可能需要面对基金管理机构的追偿要求。

知识链接

《中华人民共和国道路交通安全法实施条例》第九十二条第一款 发生交通事故后当事人逃逸的,逃逸的当事人承担全部责任。但是,有证据证明对方当事人也有过错的,可以减轻责任。

32. 交通事故发生后驾驶人逃逸时，受害人的民事权益如何得到救济?

笔记区

《中华人民共和国民法典》第一千二百一十六条 机动车驾驶人发生交通事故后逃逸，该机动车参加强制保险的，由保险人在机动车强制保险责任限额范围内予以赔偿；机动车不明、该机动车未参加强制保险或者抢救费用超过机动车强制保险责任限额，需要支付被侵权人人身伤亡的抢救、丧葬等费用的，由道路交通事故社会救助基金垫付。道路交通事故社会救助基金垫付后，其管理机构有权向交通事故责任人追偿。

《中华人民共和国道路交通安全法》第七十五条 医疗机构对交通事故中的受伤人员应当及时抢救，不得因抢救费用未及时支付而拖延救治。肇事车辆参加机动车第三者责任强制保险的，由保险公司在责任限额范围内支付抢救费用；抢救费用超过责任限额的，未参加机动车第三者责任强制保险或者肇事后逃逸的，由道路交通事故社会救助基金先行垫付部分或者全部抢救费用，道路交通事故社会救助基金管理机构有权向交通事故责任人追偿。

《道路交通事故社会救助基金管理办法》第十二条第一款 有下列情形之一时，救助基金垫付道路交通事故中受害人人身伤亡的丧葬费用、部分或者全部抢救费用：

（一）抢救费用超过交强险责任限额的；

（二）肇事机动车未参加交强险的；

（三）机动车肇事后逃逸的。

笔记区

纠纷解决技巧

在遭遇交通事故驾驶员逃逸场合时，受害人以及家属应当先冷静下来，及时向交通管理部门报告并对受害人进行救助。如果存在经济困难，可以向道路交通事故社会救助基金申请救济以支付治疗费用。找到肇事人后，受害方可以先明确请求赔偿的种类及金额，运用法律武器，向交通管理部门请求与肇事人协商或向人民法院提起诉讼，维护自己的民事权益。肇事人也应当承担事故责任，诚恳地向受害者进行赔偿，借助保险弥补受害者的损失。

试题

小李不幸遭遇车祸，且肇事方在事故后逃逸。请问小李不可以通过什么方式维护自己的合法民事权益？(　　)①

A. 向道路交通事故社会救助基金申请救助

B. 请求公安机关交通管理部门调解

C. 私自前往肇事方住址进行威胁

D. 向人民法院提起民事诉讼

① 答案：C。

笔记区

▶ 33. 驾校学员发生交通事故时,受害人该向谁主张责任?

案例

小方在镇上的某驾校报名了机动车驾驶员考试培训班,每天早出晚归地去练车,很是辛苦,顺利通过了科目一和科目二的考试,进入了科目三的学习阶段。某日,小方在其教练员小李的陪同指导下,在马路上进行科目三的模拟考试练习。由于小方比较紧张,再加上操作不够熟练,与前车发生了追尾事故。虽然没有人员伤亡,但事后经过评估,仍给前车造成了1万余元维修费用的损失。随后,前车车主要求小方、小李以及某驾校赔偿其损失。

法律分析

在学习机动车驾驶过程中特别是在科目三(道路驾驶技能考试)中,教练员必须在车内陪同。教练员不仅要指导学员如何驾驶,更关键的是要确保机动车的行驶安全。也就是说,教练员负有确保学员妥善驾驶机动车以防止交通事故发生的义务。因此,《中华人民共和国道路交通安全法实施条例》第20条第2款规定,驾校学员在驾驶中有道路交通安全违法行为或者造成交通事故的,由教练员承

笔记区

担责任。此外,驾校机动车运营利益的享有者和控制者均是驾校,教练员也是执行驾校所分配的工作,也即《中华人民共和国民法典》第1191条第1款明确规定的,用人单位的工作人员在执行工作任务的过程中造成他人损害的,应当由用人单位向受害人承担侵权责任,其承担责任后可以再向有故意或重大过失的工作人员要求赔偿。

本案中,小李是用人单位某驾校的工作人员,其也是在执行日常指导驾驶学习的工作任务,因此,应当由某驾校向前车车主承担赔偿责任。同时,该事故的发生是由于小方自身紧张而操作不当,教练员小李不存在故意或重大过失。某驾校在承担完责任后,不可以再向小李要求赔偿。

知识链接

《中华人民共和国道路交通安全法实施条例》第二十条第二款 在道路上学习驾驶,应当按照公安机关交通管理部门指定的路线、时间进行。在道路上学习机动车驾驶技能应当使用教练车,在教练员随车指导下进行,与教学无关的人员不得乘坐教练车。学员在学习驾驶中有道路交通安全违法行为或者造成交通事故的,由教练员承担责任。

最高人民法院《关于审理道路交通事故损害赔偿案件适用法律若干问题的解释》第五条 接受机动车驾驶培训

笔记区

的人员，在培训活动中驾驶机动车发生交通事故造成损害，属于该机动车一方责任，当事人请求驾驶培训单位承担赔偿责任的，人民法院应予支持。

《中华人民共和国民法典》第一千一百九十一条第一款 用人单位的工作人员因执行工作任务造成他人损害的，由用人单位承担侵权责任。用人单位承担侵权责任后，可以向有故意或者重大过失的工作人员追偿。

纠纷解决技巧

一般来说，驾校学员在学习过程中发生交通事故造成他人损害，责任在驾校机动车一方的，均应当由驾校承担赔偿责任。当然，如果是学员故意造成他人损害的，则应当由学员自己承担责任，教练员和驾校均不承担责任。如果是因为教练员不认真教导学员，则可以认定教练员存在重大过失，驾校在对受害人承担完责任后可以向教练员要求赔偿。

试题

甲在驾校学车时，未能完全按照教练的教导操作，结果撞伤了行人。对该损害结果，该由谁承担赔偿责任？（　　）[①]

A. 甲　　　　B. 教练

C. 甲和教练　　　　D. 驾校

① 答案：D。

笔记区

34. “顺风车”搭乘人受到损害时，可否减轻驾驶人的责任？

案例

某天，小孙开车去镇上购买种子，准备进行新的一年的播种。车刚出村口，小孙便看见同村的小李和他的孩子站在路边向他招手，于是小孙便靠边停车，打开车窗问小李有什么事情。小李说孩子发烧了，着急去镇上的医院看病，问是否可以搭乘小孙的“顺风车”。热心的小孙一看情况紧急，便赶忙让小李上车。在路上，由于发烧，小李的孩子一直哭闹不停，让小孙开车很是分心；再加上着急赶往医院，车速有点快。在一个急转弯处，小孙反应不及，车辆侧翻到路边的水沟中。路过的车辆纷纷下来救助，将一车人送往了医院。小李的孩子仅受了点擦伤，但小李和小孙身体多处骨折，住院多日才出院。事后，小李向小孙主张赔偿。小孙感到十分委屈，不知如何是好。

法律分析

搭乘“顺风车”是日常生活中常见的行为，被搭乘一方往往出于乐于助人的美好品德而为之。“顺风车”不仅促进人与人之间的相互沟通和信任，更有利于保护环境和缓

笔记区

解交通压力。因此,应当对机动车一方进行一定程度的倾斜保护,才符合维护社会公平正义的要求。《中华人民共和国民法典》第1217条对此作出特别规定,在搭乘“顺风车”时发生交通事故造成无偿搭乘人损害的,属于机动车一方责任的,应当减轻其赔偿责任,除非机动车一方对损害结果的发生有故意或者是重大过失。

本案中,小孙由于过失造成小李的损害,符合侵权责任的构成要件,本应当由小孙承担相应的赔偿责任。但小孙出于好心让小李和孩子无偿搭乘“顺风车”,对事故的发生不存在故意或者重大过失。因此,依据《中华人民共和国民法典》的规定,应当减轻其赔偿责任。

知识链接

《中华人民共和国民法典》第一千二百一十七条 非营运机动车发生交通事故造成无偿搭乘人损害,属于该机动车一方责任的,应当减轻其赔偿责任,但是机动车使用人有故意或者重大过失的除外。

纠纷解决技巧

在解决该类纠纷时,要注意机动车一方是否为营运车辆,如是否是出租车、客运车等。如果是,就不能减轻机动车一方的赔偿责任;如果不是,则需要继续看搭乘人是否被收取乘车费用,只有是无偿的,才可以减轻机动车一方

笔记区

的责任;否则,就不可以减轻机动车一方的责任。此外,如果该事故责任不在机动车一方,则不存在“减轻责任”一说。因为机动车一方根本无须承担赔偿责任。若机动车驾驶员低头看手机、打电话等行为导致了事故发生,则可以认定为存在“重大过失”,不可减轻机动车一方的赔偿责任。

试题

同村的甲乙二人都在镇上工作。乙出于热心,每天都免费让甲搭乘自己的车去上班。一天,在上班路上,乙开车时低头看手机,结果把车开进了路边的沟里,造成甲多处骨折。对于该损害结果,应当如何划分责任?(　　)①

A. 由乙承担赔偿责任

B. 由乙承担赔偿责任,但应当减轻乙的责任

C. 甲自己承担责任

D. 甲和乙共同承担责任

---

① 答案:A。

35. 套牌机动车发生事故时，被套牌机动车的所有人应否承担责任？

案例

A88888号牌的实际所有人为宋某。宋某与邓某是同乡。一年前，邓某购买小型面包车（未投保交强险）后套用A88888号牌，宋某对套牌事宜知情并收取套牌费。2020年1月1日，邓某驾驶该套牌面包车在路口右转时与王某驾驶的电动自行车相撞，导致王某受伤、电动自行车损坏。交警勘测现场并查看录像后认定，套牌面包车一方负事故的主要责任，电动自行车一方负事故的次要责任。王某请求肇事面包车的所有人邓某和A88888号牌机动车的实际所有人宋某承担侵权责任，进行损害赔偿。

法律分析

A88888号牌的实际所有人宋某明知邓某套用自己的机动车号牌，非但不予制止，甚至还提供方便并从中获利，纵容套牌车辆在公路行驶。宋某的行为违反有关机动车管理的法律规定，增加了道路交通的危险性。因此，邓某的套牌机动车发生交通事故造成损害，被套牌机动车的所有人宋某对损害的发生同样存在过错，应当承担连带责

笔记区

任。受害人王某可以请求宋某或者邓某承担赔偿责任,也可以请求宋某和邓某共同承担赔偿责任。但如果本案中宋某对于邓某的套牌行为并不知情,且无过错,则无须承担损害赔偿责任。

知识链接

最高人民法院《关于审理道路交通事故损害赔偿案件适用法律若干问题的解释》第三条 套牌机动车发生交通事故造成损害,属于该机动车一方责任,当事人请求由套牌机动车的所有人或者管理人承担赔偿责任的,人民法院应予支持;被套牌机动车所有人或者管理人同意套牌的,应当与套牌机动车的所有人或者管理人承担连带责任。

《中华人民共和国道路交通安全法》第八条 国家对机动车实行登记制度。机动车经公安机关交通管理部门登记后,方可上道路行驶。尚未登记的机动车,需要临时上道路行驶的,应当取得临时通行牌证。

纠纷解决技巧

套牌机动车发生交通事故后,受害人不仅可以要求套牌机动车的车主或管理人承担赔偿责任,如果被套牌机动车的车主或管理人同意套牌,还可以追究被套牌车车主或管理人的责任。这使被害人在受到交通事故伤害之后可以向更多的责任主体提出赔偿主张,增加了受害人顺利取得赔偿的可能性。

笔记区

试题

甲在乙毫不知情的情况下，套用乙的号牌。甲驾驶套牌车发生交通事故将丙撞成重伤。经认定，套牌车辆负全部责任。以下说法正确的是(　　)。[1]

A. 乙承担全部赔偿责任

B. 乙承担部分赔偿责任

C. 乙无须承担赔偿责任

D. 甲和乙承担连带责任

---

① 答案：C。

笔记区

36. 盗窃、抢劫或者抢夺的机动车发生事故时，责任应如何划分？

案例

陈某自家并无汽车，且没有驾驶资格证。过年期间，隔壁的张某从县城开车回家，将车停到了路边。陈某临时起意偷了张某的车驾驶前往邻县，不料途中因操作不当，将正在路边倒垃圾的杨某撞倒，后杨某因抢救无效死亡。事发后，邻县交通警察大队出具的道路交通事故认定书认定，陈某负本次事故的全部责任。车主张某此前在保险公司为该车投保了交强险和三责险。陈某、张某、保险公司对赔偿责任的承担产生了争议。究竟谁应该承担本次事故的赔偿责任呢？

法律分析

机动车被盗窃、抢劫或抢夺后，完全处在非法占有人的支配之下，已经脱离了车主的支配，车主也不对机动车享有运行利益。因此，非法持有人理应成为损害赔偿责任的主体。在通常情况下，保险公司基于他和被保险人（车主）之间的合同，发生事故时在一定范围内承担赔偿责任。如果机动车被盗抢，发生的事故就不在被保险人也就是车主的控制范围内，保险公司没有理由基于合同对事故承担赔偿责任。但交强险是法律规定的必须缴纳的保险，如果出现紧急情况，如肇事者逃逸使受害人无法得到及时补偿，那么保险公司会根据相关法律的强制性规定，在交强险的保险责任范围内垫付抢救费用，但事后可以向肇事者追偿。同时，如果出现车主没有投保交强险的情形，则车主存在过错，应当在交强险的范围内承担赔偿责任。

知识链接

《中华人民共和国民法典》第一千二百一十五条 盗窃、抢劫或者抢夺的机动车发生交通事故造成损害的，由盗窃人、抢劫人或者抢夺人承担赔偿责任。盗窃人、抢劫人或者抢夺人与机动车使用人不是同一人，发生交通事故造成损害，属于该机动车一方责任的，由盗窃人、抢劫人或者抢夺人与机动车使用人承担连带责任。

保险人在机动车强制保险责任限额范围内垫付抢救费用的，有权向交通事故责任人追偿。

《机动车交通事故责任强制保险条例》第二条第一款 在中华人民共和国境内道路上行驶的机动车的所有人或者管理人，应当依照《中华人民共和国道路交通安全法》的规定投保机动车交通事故责任强制保险。

《机动车交通事故责任强制保险条例》第二十二条 有

笔记区

下列情形之一的，保险公司在机动车交通事故责任强制保险责任限额范围内垫付抢救费用，并有权向致害人追偿：

（一）驾驶人未取得驾驶资格或者醉酒的；

（二）被保险机动车被盗抢期间肇事的；

（三）被保险人故意制造道路交通事故的。

有前款所列情形之一，发生道路交通事故的，造成受害人的财产损失，保险公司不承担赔偿责任。

纠纷解决技巧

本案的事故是陈某盗窃张某的机动车后非法驾驶造成的，应当由陈某承担全部的赔偿责任。尽管车主张某向保险公司缴纳了三责险，保险公司也不承担第三者赔偿责任。如果陈某在肇事之后逃逸，由于张某已经缴纳了交强险，不存在过错，那么张某不承担任何的赔偿责任，由保险公司在交强险的范围内垫付杨某的抢救费用。但应当注意，垫付并非支付，保险公司在垫付之后可以向陈某追偿。

试题

李某驾驶自己的小轿车由甲村开往乙镇，途中遇魏某在路边招手欲搭载李某的车前往乙镇。李某停车后让魏某上车，不料上车后魏某拿出刀要挟李某将车开到树林里，李某照做。后魏某将李某赶下车将车开走。魏某在行驶途中因超速行驶撞到了正在路边行走的路人，造成路人死亡。本案中，交通事故的赔偿责任应由（　　）。[1]

笔记区

A. 李某承担

B. 路人家属自行承担损失

C. 魏某承担

D. 保险公司在第三者责任保险范围内承担

① 答案：C。

笔记区

37. 卖出去但未过户登记的机动车发生事故时，卖家应否承担责任？

案例

丁某为生意所需，从李某处购买了一辆二手的小型轿车，付款当日李某即将轿车交付给丁某，由丁某一直驾驶，但双方并未前往车管所进行所有权变更登记。一日，丁某在甲镇道路上行驶时，为避让前方车辆，与魏某推行的电动自行车右侧相撞，造成魏某受伤，两车受损。事后经交警部门查明，丁某负事故全部责任，魏某无责任。而丁某所驾驶的肇事车辆行驶证登记所有人仍为李某，该车在保险公司投保交强险。李某是否应当承担责任呢？

法律分析

《中华人民共和国民法典》将物分为动产和不动产两种，机动车属于动产。动产所有权的转移采用交付主义，即只要出卖人将出卖物交给买受人，该物的所有权就发生转移，机动车所有权的转移也不例外地属于交付转移。但是，机动车是一种特殊的动产，交警部门对机动车进行检验、登记后决定准予或不准机动车上道行驶，是交警部门进行安全管理的一种手段，并不影响机动车所有权的归属。因此，机动车登记人和机动车责任事故者之间就无法形成一一对应的关系。此外，当出卖人将机动车交付给买受人之后，他已经失去了对机动车运行的实际支配力，此时买受人成为机动车的实际控制人。如果还让出卖人承担责任则明显不合理。因此，发生事故时，如果机动车已经交付，即使没有登记，出卖人也无须再承担责任。

知识链接

《中华人民共和国民法典》第一千二百一十条 当事人之间已经以买卖或者其他方式转让并交付机动车但是未办理登记，发生交通事故造成损害，属于该机动车一方责任的，由受让人承担赔偿责任。

纠纷解决技巧

从本案中可以看出，在出售机动车的时候，如果已经交付而不进行所有权转移登记，出现交通事故后不会使出卖人承担额外的责任。但是出于维护交警部门机动车管理秩序的考虑，以及为避免后续可能出现的其他不必要的风险，还是应当及时进行所有权转移登记。这也是行政管理关系与民事法律关系的不同：从行政管理的角度来看，机动车没有进行过户登记，责任主体就应当还是出卖人；但在考虑民事责任承担时，就应当按照民事法律规范来判断，即只要交付了机动车，其所有人和责任承担主体就是

笔记区

买受人。

试题

彭某因为置换新车,把旧车转让给了同村的毛某,两人订立了买卖合同,并且立即完成车辆交付。但车管所在县城,来回路途遥远。二人虽约定好抽空去车管所办理手续,但由于二人均工作繁忙而一直未去办理。某晚,毛某在驾驶该车回家的路上,由于没有路灯看不清路而不慎撞倒了隔壁村赶路的农妇李某,造成李某右大腿骨折。本案李某的损失应当由谁承担责任?(　　)[1]

A. 毛某

B. 彭某

C. 毛某和彭某共同承担

D. 李某自己

---

① 答案:A。

笔记区

▶ 38. 无过错的机动车与行人发生碰撞时,机动车一方是否需要承担责任?

案例

李某驾车在乡村道路上正常行驶,张某在路旁行走。在李某行驶接近张某时,张某突发低血糖眩晕倒地,李某躲闪不及,轧伤张某的左手。张某在治疗过程中花费了较多医疗费。后经交警部门认定,李某和张某均无责任,本次事故属于意外事件。张某要求李某对其损害进行赔偿。李某主张自己无过错,不负赔偿责任,拒绝赔偿。应当如何判定赔偿责任呢?

法律分析

在通常情况下,当发生交通事故造成损害时,由有过错的一方承担侵权责任,无过错的一方无须承担责任。但是相较于机动车,非机动车、行人处于弱势地位,受伤往往也更严重。同时,由于行驶中的机动车具有一定的危险性,驾驶员在驾驶机动车的时候也应负有更高的注意义务,应当谨慎驾驶,避免出现意外。因此,立法规定即使机动车没有过错,有时也需要承担部分的赔偿责任,便于对受害人的充分救助。在本案中,双方都无过错,但是如果

笔记区

让受害人张某承担所有损失，显然不合理。因此，根据《中华人民共和国道路交通安全法》第76条第1款第2项的规定，李某需要在张某实际损失的范围内承担不超过10%的赔偿责任。在司法实践中，也有很多法院作出类似的判决。当然，事故发生后，由保险公司在机动车三责险责任限额范围内予以赔偿，不够的部分，才应当由机动车一方李某承担不超过10%的责任。

为了应对现实中存在的一些“碰瓷”现象，即有的非机动车或行人故意碰撞机动车以骗取赔偿的情况，《中华人民共和国道路交通安全法》第76条第2款特别规定，非机动车驾驶人、行人故意碰撞机动车造成的损失，机动车一方无须承担责任。也即在这种情形下，机动车能够免责。需要指出的是，“碰瓷”是一种违法行为，造成损害的，“碰瓷人”不仅要承担民事赔偿责任，情节严重时，还会被追究刑事责任。

知识链接

《中华人民共和国民法典》第一千二百零八条 机动车发生交通事故造成损害的，依照道路交通安全法律和本法的有关规定承担赔偿责任。

《中华人民共和国道路交通安全法》第七十六条 机动车发生交通事故造成人身伤亡、财产损失的，由保险公

笔记区

司在机动车第三者责任强制保险责任限额范围内予以赔偿;不足的部分,按照下列规定承担赔偿责任:

(一)机动车之间发生交通事故的,由有过错的一方承担赔偿责任;双方都有过错的,按照各自过错的比例分担责任。

(二)机动车与非机动车驾驶人、行人之间发生交通事故,非机动车驾驶人、行人没有过错的,由机动车一方承担赔偿责任;有证据证明非机动车驾驶人、行人有过错的,根据过错程度适当减轻机动车一方的赔偿责任;机动车一方没有过错的,承担不超过百分之十的赔偿责任。

交通事故的损失是由非机动车驾驶人、行人故意碰撞机动车造成的,机动车一方不承担赔偿责任。

纠纷解决技巧

需要注意的是,机动车一方无过错的,只有在与行人、非机动车发生碰撞造成损害时,才需要承担一定的责任。如果是两辆机动车发生碰撞,则应当由有过错的一方承担责任,无过错的一方就无须担责。此外,在非机动车或行人故意碰撞机动车以骗取赔偿的情况下,如果仍让无过错的机动车一方承担责任,显然不符合公平正义原则,所以,此时机动车一方便可以免责。

笔记区

试题

白某驾驶汽车在道路上等待红灯,绿灯后正常起步。忽然,行人张某冲出路口闯红灯过马路,白某躲闪不及,和张某相撞,所幸刚起步时速度较低,张某仅受轻伤。但在后续治疗中,花费医疗费 1000 元。对于张某的损失,下列说法正确的是(　　)。①

A. 白某承担全部赔偿责任

B. 张某承担全部损失,白某不承担赔偿责任

C. 白某承担不超过 10% 的赔偿责任

D. 张某承担不超过 10% 的赔偿责任

---

① 答案:C。

笔记区

▶ 39. 交通事故认定书在事故责任认定中有什么作用?

案例

小高驾驶已投保的机动车出行,结果肇事致车损人伤。交警队出具的交通事故认定书记载小高驾车撞向隔离护栏,并认定小高全责。小高起诉保险公司向其索赔时,亦称自己驾车撞向隔离护栏致损。事故现场照片显示:该车辆前保险杠中部撞到道路隔离护栏的顶端,车辆前端呈"V"字形;车辆驾驶员一侧车身有明显的刮擦痕迹,该痕迹一直延伸至车顶处高于隔离护栏的位置。

法律分析

交通事故认定书,是指公安交通管理部门通过对交通事故现场的勘察、技术分析和有关检验、鉴定结论,分析查明交通事故的基本事实、成因和当事人责任后所作的技术性结论。该结论不具有法律拘束力和执行力。根据《中华人民共和国道路交通安全法》第 73 条的规定,交通事故认定书是一种证据。作为证据,当事人可以对交通事故认定书的真实性、可靠性和科学性提出质疑,法院应依证据规则审查其效力性及证明力。若有其他证据证明该认定书

笔记区

所采信的事实有疏漏或责任认定明显不当,法院则不应采信该证据,而应以自己审理认定的事实作为定案根据。

本案中,根据事故现场照片和车辆受损照片,法院产生如下判断:该交通事故,并非简单地与隔离护栏发生正面碰撞所致。结合小高联系保险公司时的描述,法院认为,该车辆在行驶过程中,其驾驶员一侧车身先与顺行的其他车辆剐蹭,然后正面又与隔离护栏顶端发生撞击的可能性较大。法院进而产生如下判断:保险车辆驾驶员一侧的损伤,很可能是与其他车辆剐蹭所致;车辆正面的损伤,是与隔离护栏碰撞所致。因此,小高向法院作了不实陈述。公安机关出具的事故责任认定书认定的事故原因和法院结合本案全部证据推断的事故原因不一致,故该交通事故认定书存在瑕疵,不能作为认定事实的依据。

知识链接

《中华人民共和国道路交通安全法》第七十三条 公安机关交通管理部门应当根据交通事故现场勘验、检查、调查情况和有关的检验、鉴定结论,及时制作交通事故认定书,作为处理交通事故的证据。交通事故认定书应当载明交通事故的基本事实、成因和当事人的责任,并送达当事人。

最高人民法院《关于审理道路交通事故损害赔偿案件

笔记区

适用法律若干问题的解释》第二十四条 公安机关交通管理部门制作的交通事故认定书,人民法院应依法审查并确认其相应的证明力,但有相反证据推翻的除外。

纠纷解决技巧

在解决该类纠纷时,交通管理部门出具的交通事故认定书,是了解事故详情和责任划分的重要依据,具有一定的专业性和权威性。但也可能会由于交管部门工作人员疏忽、案情过于复杂或者某些关键性证据当时未被发现等原因,而出现一定的错误和偏差。因此,其只是重要证据之一,最终确定事故真相和责任承担,不能仅凭交通事故认定书,而应当结合其他相关证据综合判断。

试题

下列关于交通事故认定书的说法,哪一项是正确的?( )[①]

A. 交通事故认定书是由事故当事人自行协商制作的

B. 交通事故认定书不可能被推翻

C. 交通事故认定书载明的内容不一定都是正确的

D. 解决纠纷时,交通事故认定书的作用十分有限

---

① 答案:C。

笔记区

40. 私家车从事网约车业务但未通知保险公司时,保险公司是否可以减轻责任?

案例

小杨为自己名下的小型轿车向某保险公司投保了交强险和商业险,车辆使用性质登记为"家庭自用"。后来,小杨驾驶该投保车辆开展网约车业务时与小李的车辆发生车祸。该事故经交警部门认定,小杨需要负事故的全部责任。于是小李向法院提起诉讼,要求小杨及其投保的保险公司赔偿自己的损失费用。

小杨投保的保险公司认为,小杨在为机动车投保时,声明该车辆使用性质为"家庭自用",而后却自行开展网约车业务。这会导致在保险合同有效期内,被投保车辆的危险程度显著增加。小杨应当按照合同约定及时通知保险公司,而实际上,小杨并没有这么做。所以,对于因小杨投保车辆的危险程度显著增加而发生的保险事故,保险公司不应该承担赔偿保险金的责任。

法律分析

首先需要了解的是,交强险属于社会保险,具有强制性的特征,与商业险有区别。利用私家车开展网约车业务，车辆使用性质便从“家庭自用”变成“商业运营”，车辆危险程度因此显著增加。如果小杨从未通知保险公司并变更车辆保险类型，依据《中华人民共和国保险法》第 52 条的规定，保险公司在商业险责任限额范围内无须赔偿。

但是，依据《中华人民共和国道路交通安全法》第 76 条的规定，交强险赔偿是按照无过错责任原则，即在交强险责任限额内，不论被保险人在交通事故中是否有过错及过错程度有多大，除依法明确规定可以免赔的情形（如受害人故意的情况）外，保险人都必须赔偿受害人。也就是说，保险公司对小李的赔偿义务是一项法定义务。由于小杨投保了交强险，小李可以直接请求保险公司对自己在交强险范围内进行赔偿。此时，保险公司不可以减轻自己对小李的赔偿责任。随后，保险公司可以另行要求小杨补交因为保险类型变更而变更的保费。

知识链接

《中华人民共和国保险法》第五十二条 在合同有效期内，保险标的的危险程度显著增加的，被保险人应当按照合同约定及时通知保险人，保险人可以按照合同约定增加保险费或者解除合同。保险人解除合同的，应当将已收取的保险费，按照合同约定扣除自保险责任开始之日起至合同解除之日止应收的部分后，退还投保人。

笔记区

被保险人未履行前款规定的通知义务的,因保险标的的危险程度显著增加而发生的保险事故,保险人不承担赔偿保险金的责任。

《中华人民共和国道路交通安全法》第七十六条 机动车发生交通事故造成人身伤亡、财产损失的,由保险公司在机动车第三者责任强制保险责任限额范围内予以赔偿……

最高人民法院《关于审理道路交通事故损害赔偿案件适用法律若干问题的解释》第二十三条 机动车在交强险合同有效期内发生改装、使用性质改变等导致危险程度增加的情形,发生交通事故后,当事人请求保险公司在责任限额范围内予以赔偿的,人民法院应予支持。

前款情形下,保险公司另行起诉请求投保义务人按照重新核定后的保险费标准补足当期保险费的,人民法院应予支持。

纠纷解决技巧

本案中,当私家车被用于网约车运营时,其“家用”性质实质上已被改变为“营运”性质,车辆行驶过程中的风险也升高了。一旦改变用途的私家车发生交通事故,投保人都会面临不能得到保险金赔偿兜底的风险。所以,私家车车主若兼职网约车,应及时告知保险公司,变更保险类型

笔记区

并缴纳规定的专门营运车辆保险费用。

同时，保险公司也要在保险合同条款里明确指出，私家车被用于网约车运营属于“危险程度增加”的情形，避免因车主法律意识淡薄导致的保险赔偿纠纷。交强险的设置初衷是最大限度地保护受害人的利益，为受害人提供基本医疗救助保障，弥补受害人的损失。作为社会保险的它，有利于道路交通事故受害人获得及时有效的经济保障和医疗救治，减轻交通事故肇事方的经济负担；通过“奖优罚劣”的费率杠杆手段，强化驾驶人安全意识，保障道路交通安全，维护社会稳定。保险公司应当积极承担交强险背后的社会责任，并且与投保人积极沟通，确认投保费用。

试题

同时投保了商业险与交强险的私家车车主从事网约车运营，且未将运营状况告知保险公司，发生事故后，保险公司的赔偿范围包含？（　　）[1]

A. 商业险

B. 交强险

C. 商业险与交强险

D. 既不包含商业险也不包含交强险

① 答案：B。

笔记区

41. 医疗机构承担损害责任时,是否需要具有过错?

案例

刘某身体疼痛难忍前往镇上的医院就医,医生告知其症状非常严重,建议其进行一系列检查。但刘某不以为然,拒绝进行检查,只要求给自己开点止痛药。医生无奈,拒绝开止痛药并向其说明情况。刘某回到家便睡下了,谁知这一睡再也没能醒来。刘某的儿子见父亲去世,悲痛难忍。随后,刘某的儿子要求镇医院赔偿。医生认为,其已经尽到了诊断和治疗的义务,病历上写得清清楚楚,其他医生也可以作证。

法律分析

《中华人民共和国民法典》第1218条规定,患者在就诊活动中受到损害,医生或者其他医务人员有过错的,医疗机构应当承担赔偿责任。因此,让医疗机构承担赔偿责任,需要其具有过错。在一般情况下,我国采取"谁主张,谁举证"的证明原则。也就是说,如果患者请求医院承担赔偿责任,需要自行证明医院存在过错。但是,看病是一门技术活,老百姓往往很难知道医生是否存在过错,病例、诊疗记录等文件也掌握在医疗机构手中，老百姓更难寻找证据证明医疗机构存在过错。因此，在一些特殊的情况下，推定医疗机构具有过错；医疗机构需要证明自己没有过错，否则就要承担责任。这些特殊情况包括：(1)违反法律、行政法规、规章以及其他有关诊疗规范的规定；(2)隐匿或者拒绝提供与纠纷有关的病历资料；(3)遗失、伪造、篡改或者违法销毁病历资料。本案中，并不存在前述的情形，所以刘某需要证明医院存在过错，才可请求医院承担赔偿责任。

知识链接

《中华人民共和国民法典》第一千二百一十八条 患者在诊疗活动中受到损害，医疗机构或者其医务人员有过错的，由医疗机构承担赔偿责任。

《中华人民共和国民法典》第一千二百二十二条 患者在诊疗活动中受到损害，有下列情形之一的，推定医疗机构有过错：

（一）违反法律、行政法规、规章以及其他有关诊疗规范的规定；

（二）隐匿或者拒绝提供与纠纷有关的病历资料；

（三）遗失、伪造、篡改或者违法销毁病历资料。

纠纷解决技巧

在一般情况下，受害人请求医疗机构承担侵权责任，

笔记区

需要证明其存在过错。只有在前述的特殊情形下，受害人才无须证明，法律推定医疗机构存在过错。而推定医疗机构存在过错，只是受害人无须提供证据证明医疗机构存在过错，并不意味着医疗机构就一定存在过错，其可以举证证明自身并不存在过错，从而免于承担责任。在发生医疗纠纷时，患者要注意收集相关材料，包括病历、相关诊疗规范等，以判断医疗机构是否存在前述的适用过错推定原则的情形，进而有效维护自身的合法权益。

试题

陈某前往医院就医，医院未能挽救陈某生命，陈某死亡。陈某家人欲向医院主张赔偿责任。下列选项正确的是（　　）。[1]

A. 陈某家人需要提供医院存在失误的证据，否则不能主张医院承担责任

B. 医院无论是否存在过错，均应当承担赔偿责任

C. 无论医院是否存在过错，陈某家人均无权主张医院承担责任

D. 医院应当证明自己不存在过错，否则就要承担赔偿责任

① 答案：A。

笔记区

42. 医务人员是否有向患者说明病情、医疗措施以及医疗风险等事项的义务?

案例

村民小孙进城打工,在某处建筑工地上负责水泥搅拌工作。一天,小孙因操作不当,小腿被搅拌机绞伤。紧急送往市医院后,经诊断,小孙的左胫腓骨开放性骨折,左小腿软组织严重挫裂伤。市医院赶紧为小孙安排了"清创术+左胫骨钢板内固定术"及"左小腿石膏后托外固定术"。虽然手术很成功,但因为小孙的伤势实在是过于严重,术后小孙还是落下了残疾。事后,小孙来到省医院继续治疗,这才得知当时并不是只能做手术,还有相关的保守治疗等替代性方案。但市医院根本没有告知他这些情况,而且进行手术前也没有征得其同意。随后,小孙要求市医院承担赔偿责任,但市医院坚持认为他们的手术很成功,自己没有过错,当时即使采取其他方案,后果也是一样的,因此拒绝赔偿。

法律分析

由于科学技术的有限性,医疗活动中存在风险是难免的,不能凡是医疗活动中出现的损害均由医院承担责任。

笔记区

但是患者享有知情权，有理由知道自己的病情到底是怎样的、都有什么样的治疗方案以及每种方案的利弊是什么。医院有如实告知并在手术前征得患者同意的义务，患者应当自己作出最终的决定。因此，《中华人民共和国民法典》第1219条第2款规定，医务人员未向患者告知病情、可采取的医疗措施及风险等内容，或者没有在实施手术、进行特殊检查或治疗前征得患者同意，造成患者损害时，即便在治疗过程中没有任何错误，产生损害也是正常的医疗风险，医疗机构仍须承担赔偿责任。

本案中，虽然市医院手术很成功，小孙残疾也是正常的医疗风险，采取其他方案未必能取得比手术更好的结果，但由于市医院没有履行告知义务并征得小孙同意，侵害到了小孙的知情权，因此，市医院应当承担赔偿责任。

知识链接

《中华人民共和国民法典》第一千二百一十九条 医务人员在诊疗活动中应当向患者说明病情和医疗措施。需要实施手术、特殊检查、特殊治疗的，医务人员应当及时向患者具体说明医疗风险、替代医疗方案等情况，并取得其明确同意；不能或者不宜向患者说明的，应当向患者的近亲属说明，并取得其明确同意。

42. 医务人员是否有向患者说明病情、医疗措施以及医疗风险等事项的义务？

医务人员未尽到前款义务，造成患者损害的，医疗机构应当承担赔偿责任。

笔记区

纠纷解决技巧

需要特别注意的是，医务人员在履行告知义务时，必须做到明确具体、清晰易懂。如果只是粗浅、模糊地告知，使患者不能真正明白其所处的情况，就不能认为是“尽到”了告知义务；造成患者损害的，医疗机构需要承担赔偿责任。此外，在某些情况下不能或者不宜向患者告知情况的，例如，患者一直处于昏迷状态，或者患者情绪不稳定，一旦告知其情况，会造成患者精神崩溃等一系列不良后果的，可以向其近亲属告知，并征得其明确同意。如果近亲属不在身边，那么同意的形式不必拘泥于书面，可以以视频的方式获得其同意。

试题

甲的母亲突发疾病，甲便带母亲来到县上的医院看病。经医生诊断后，需要实施手术。下列哪一说法是错误的？（　　）[1]

A. 在实施手术前需要征得甲的母亲的同意

B. 如果甲的母亲已经陷入昏迷，则应当征得甲的同意

---

① 答案：C。

笔记区

C. 因为情况紧急,医院可以不征得甲的母亲或甲的同意,直接实施手术

D. 如果不征得甲的母亲或甲的同意,直接实施手术造成损害的,医院应当赔偿

笔记区

▶ 43. 紧急情况下,医疗机构是否可以直接采取救治措施?

案例

小刘是村小学的一名体育老师,每天工作兢兢业业,深受学生和家长的爱戴。在一节体育课上,小刘像往常一样为学生示范单杠项目,但用力过猛,手一滑便从单杠上重重地摔了出去,当场不省人事,学校同事一看情况十分严重,便赶紧将小刘送往市里的医院。经过专家会诊,判断小刘是颅内出血,十分危急,必须马上进行开颅手术,否则就会有生命危险。但送小刘来医院的同事无法联系上小刘的家属,情急之下,经该科室主任批准后,小刘被推进了手术室实施手术。经过数个小时的紧张手术,小刘脱离了生命危险,但由于小刘的颅内出血量太大,还是留下了一些后遗症。事后,小刘认为医院在未征得其本人还有家属同意的情况下,给自己进行手术,造成了一些严重的后遗症,因此医院应当赔偿自己的损失。

法律分析

通过案例 42 的分析可以知道,医务人员有告知患者

笔记区

病情和可采取的医疗措施等相关事项，以及在实施手术前征得患者或近亲属同意的义务。但许多患者被送到医院时，病情已经十分严重，如果不立即采取手术等措施，就将造成患者失去生命或极大地影响其身体健康等一系列严重后果。这个时候如果患者昏迷，又无法联系上其家属，医院也不能见死不救。因此，《中华人民共和国民法典》第1220条对这种紧急情况作出了变通规定：在经医疗机构负责人或者授权的负责人批准后，可以立即采取相关医疗措施。即使事后造成了患者一定程度的损害，但如果该损害是当时医疗水平无法避免的正常医疗风险，医务人员也没有故意或过失，医院则无须赔偿。

本案中的小刘被送到医院时，已经属于这种紧急情况，因此，在获得科室主任的批准后可以实施开颅手术。同时，造成一些后遗症本就是开颅手术这种复杂程度极高的手术的正常医疗风险，医务人员也没有故意或过失，再加上小刘的颅内出血量过大，因此，小刘不能以造成自己后遗症为由，要求医院承担赔偿责任。

知识链接

《中华人民共和国民法典》第一千二百二十条 因抢救生命垂危的患者等紧急情况，不能取得患者或者其近亲属意见的，经医疗机构负责人或者授权的负责人批准，可以立即实施相应的医疗措施。

笔记区

纠纷解决技巧

医疗机构负责人,往往指医院院长;授权的负责人,则往往指科室主任。在发生上述紧急情况时,取得这两者之一的批准便可。不能取得患者同意的情形,常见的是患者陷入昏迷等无意识状态或者精神恍惚、身体极度虚弱已经无法正常作出表达。不能取得患者近亲属同意的情形包括:近亲属不明、不能及时联系到近亲属、近亲属拒绝发表意见以及近亲属达不成一致意见。根据现有的医疗诊断规范,紧急情况,主要指患者因疾病发作、突然遭受外伤及异物侵入体内,身体处于危险状态或非常痛苦的状态,在临床上表现为急性外伤、脑挫伤、意识消失、大出血、心绞痛、急性严重中毒、呼吸困难、各种原因所致的休克等。当然,以上列举的只是紧急情况的常见情景,不局限于这些,实践中可以灵活判断。

试题

甲的同事乙突发疾病晕倒,被甲立即送往医院治疗。经诊断后,需要立即对乙实施手术,否则就性命不保。联系到乙的家属后,家属对是否实施手术意见不一。医生看情况紧急,且家属短时间内无法达成一致意见,便经院长同意后,实施了手术。虽然手术很成功,但仍未救活乙。

笔记区

对此,下列哪一说法是正确的?(　　)[1]

A. 医院需要承担赔偿责任

B. 医院实施手术未征得乙或其亲属的同意,存在过错

C. 医院实施手术未征得甲的同意,存在过错

D. 医院的做法符合法律规定,不需要承担赔偿责任

---

① 答案:D。

笔记区

44. 哪些情形可以直接认定医疗机构在诊疗中存在过错?

案例

村民小王因感到有点心慌不适,在家属陪同下前往县医院急诊室就诊。经检测,其血压正常,心率100次/分。医生接诊后决定给小刘进行静脉注射,经静脉注射后小刘感觉极度不舒服。家属再向医生反映,医生却要求小刘自己走到治疗室门口的座椅上去输液。没想到输液后刚几分钟,小刘就惨叫一声后失去了知觉。随后小刘被推进急救室,医生说是急需电击使其心脏复苏,但这时急救室内竟又找不到电击仪器,里面又是一阵忙乱……不到1小时,医生就宣布小刘抢救无效死亡。小刘去世以后,家属提出要病历卡,但遭到医生拒绝,说病历卡要等办完了丧事之后才能复印。半个月后,小刘的妻子去医院复印病历卡,发现病历卡缺少第2页和第23页。小刘的妻子觉得这其中肯定有问题,经鉴定,病历被大幅度篡改了。于是,小刘的妻子要求医院进行说明并承担责任。

法律分析

病历,是指医务人员在医疗活动过程中形成的文字、

笔记区

符号、图表、影像、切片等资料的总和，详细地记录了患者的病情以及相关治疗情况。同时，也是判断医院的医疗活动是否符合规范的重要标准。因此，医院有保持患者病历真实性、完整性、准确性以及必要时及时提供病历的义务。虽然，一般来说，要求医院承担医疗损害赔偿责任，受害人需要证明医院对损害结果的发生有故意或者过失，但如果医院的诊疗活动违反相关诊疗规范、隐匿或者拒绝提供相关的病历或者是遗失、伪造、篡改或者违法销毁病历，则可以推定医院存在过错，不需要受害人举证证明了。当然，在上述情况下，如果医院可以证明自己没有过错，便不再需要承担责任。

本案中，小刘的病历资料被大幅度篡改，还有部分遗失，所以，可以认定医院在该诊疗活动中存在过错。同时，医院又无法证明自己不存在过错，故其应当对小刘死亡的损害结果承担赔偿责任。

知识链接

《中华人民共和国民法典》第一千二百二十二条　患者在诊疗活动中受到损害，有下列情形之一的，推定医疗机构有过错：

（一）违反法律、行政法规、规章以及其他有关诊疗规范的规定；

(二)隐匿或者拒绝提供与纠纷有关的病历资料;

(三)遗失、伪造、篡改或者违法销毁病历资料。

国家卫生计生委、国家中医药管理局《医疗机构病历管理规定》第十四条 医疗机构应当严格病历管理,任何人不得随意涂改病历,严禁伪造、隐匿、销毁、抢夺、窃取病历。

纠纷解决技巧

发生医疗纠纷时,患者及其家属应当及时复印相关的病历资料,仔细阅读和对比,看看是否有通过刮、粘、涂等方法掩盖或去除原来的字迹,缺页、增页或者冒名签字的现象等。如果发现有篡改、伪造的迹象,要及时跟自己手中已有的票据、单据等资料对比,或者找主治医师询问相关情况。必要时,可以向公安、司法部门独立的鉴定机构申请痕检鉴定。也就是说,患者需要举证证明自己的病历被医院篡改或伪造,如果证明成功,则不再需要证明医院在诊疗过程中存在其他过错。

笔记区

试题

发生医疗事故时，如果医院存在某些情形，则可以直接认定医院存在过错，应当承担侵权责任。下列哪一个不是这里指的情形？（　　）[①]

A. 医院隐匿或者拒绝提供与纠纷有关的病历资料

B. 医院积极主动道歉，希望尽快解决纠纷

C. 医院遗失、伪造、篡改或者违法销毁病历资料

D. 医院违反法律、行政法规、规章以及其他有关诊疗规范的规定

① 答案：B。

笔记区

▶ 45. 因医疗产品存在问题造成患者损害时，患者可否向生产者主张赔偿?

案例

张某进城打工，工作时一不小心从高处跌落，造成左腿骨折，被送到甲医院就诊。甲医院为张某做了复位钢板内固定术。半年后，张某发现之前骨折的地方疼痛难耐，疼痛感不断加剧，于是到镇医院检查，检查结果为“钢板折断”。张某不得不回到甲医院再次手术，取出钢板，进行植骨手术。第二次手术张某支出医疗费、营养费10万元，被迫停工2个月。张某找到了亲戚王律师。王律师说，钢板出现问题，张某可以向医院主张承担责任，也可以向钢板的生产者乙公司主张承担责任。

法律分析

钢板、注射器、轮椅、假肢等医疗过程中使用的产品，均属于医疗产品、医疗器械。普通患者没有能力区分钢板损坏的原因究竟是医院的问题，还是钢板本身的质量问题。我国法律注重公民权利的保护，根据《中华人民共和国民法典》第1203条第1款的规定，因产品存在缺陷造成他人损害的，生产者应当承担侵权责任。此外，《中华人民

笔记区

共和国民法典》第1223条还特别规定了医疗产品存在缺陷时的责任承担,医疗器械的缺陷造成患者损害的,患者可以向生产者请求赔偿,也可以向医疗机构请求赔偿。本案中,钢板属于典型的医疗产品,钢板作为医疗产品存在问题,造成张某损伤,张某既可以向甲医院主张赔偿,也可以向钢板的生产者主张赔偿。张某向甲医院请求赔偿后,甲医院有权向负有责任的医疗产品生产者乙公司追偿。当然,张某也可以直接向乙公司主张赔偿。

知识链接

《中华人民共和国民法典》第一千二百零三条第一款

因产品存在缺陷造成他人损害的,被侵权人可以向产品的生产者请求赔偿,也可以向产品的销售者请求赔偿。

《中华人民共和国民法典》第一千二百二十三条 因药品、消毒产品、医疗器械的缺陷,或者输入不合格的血液造成患者损害的,患者可以向药品上市许可持有人、生产者、血液提供机构请求赔偿,也可以向医疗机构请求赔偿。患者向医疗机构请求赔偿的,医疗机构赔偿后,有权向负有责任的药品上市许可持有人、生产者、血液提供机构追偿。

纠纷解决技巧

患者可能因医疗产品,如药品、消毒产品、假肢与注射

笔记区

器等医疗器械乃至血液等存在问题，而遭受损失。此时，既可以向医疗机构请求赔偿，也可以向医疗产品的生产者请求赔偿。赔偿的范围一般包括医疗费、护理费、交通费、营养费、住院伙食补助费等为治疗和康复而支出的合理费用以及因误工减少的收入。造成残疾的，还包括辅助器具费和残疾赔偿金；造成死亡的，还包括赔偿丧葬费和死亡赔偿金。除医疗纠纷外，平时生活中购买产品，如果因产品本身的问题造成损害，如高压锅爆炸等，同样既可以向超市、商场等产品的销售者主张责任，也可以向产品的生产者主张责任。

试题

李某在医院就医，因医院提供的药品存在问题，不幸去世。下列说法错误的是（　　）。[①]

A. 李某亲属有权要求医院承担赔偿责任

B. 李某亲属有权要求药品生产者承担赔偿责任

C. 李某亲属无权要求任何人承担责任

D. 李某亲属无须证明医院是否存在过错

---

① 答案：C。

笔记区

46. 患者在诊疗活动中受到损害时，在哪些情形下医疗机构可以不承担责任？

案例

小赵和小周是一对夫妻。两人结婚一年后，小周怀孕了。经过十月怀胎，小周的预产期越来越近。某日，小周忽然腹部疼痛，小赵判断可能是孩子快要生了，于是小赵立即将小周送往县上的医院。送到医院时，小周已经神志不清了，经医生诊断后，小周无法顺产，只能采取剖腹产的方式。医生立马将这一情况详细告知了小赵，并询问小赵是否同意实施剖腹产手术。但小赵是个十分迷信的人，他坚持认为剖腹产出生的孩子将来不会有出息，因此不同意手术。医生在反复劝说无果后，只能按照小赵的要求帮助小周顺产。但事与愿违，孩子出生后就死亡了。事后，小赵要求医院对此结果承担侵权责任。

法律分析

由于医疗活动的强专业性和高风险性，《中华人民共和国民法典》第1224条特别规定，在一些特定情形下，即使造成了患者损害，医院也无须承担责任。首先，医院在进行手术前需要取得患者或者其家属的同意，只有在抢救生命垂危的患者，又不能取得患者或者其近亲属意见等紧急情况下，经相关负责人批准后，医院才可以自行采取手术等医疗措施。但如果患者或家属不同意医院进行符合诊疗规范的正确医疗措施，则医院只能听从患者或家属的意见，由此造成的损害后果就不应当由医院承担责任。其次，受限于目前的科学技术水平，有一些病是当下医疗技术无法治愈的，医术再高的专家也无法做到“起死回生”，特别是在处理紧急情况时，难以在短时间内作出全面、准确的判断。因此，如果医务人员在抢救生命垂危的患者等紧急情况下已经尽到合理的救治义务，就不能再要求医务人员承担侵权责任。

本案中，患者小周已经神志不清，无法征求她的意见，因此，只能征求其丈夫小赵的意见。在医生已经反复说明和劝说的情况下，小赵仍拒绝实施剖腹产手术，不配合医院进行符合诊疗规范的诊疗，因此，对于该损害后果，医院无须承担赔偿责任。

知识链接

《中华人民共和国民法典》第一千二百二十四条 患者在诊疗活动中受到损害，有下列情形之一的，医疗机构不承担赔偿责任：

（一）患者或者其近亲属不配合医疗机构进行符合诊

笔记区

疗规范的诊疗；

（二）医务人员在抢救生命垂危的患者等紧急情况下已经尽到合理诊疗义务；

（三）限于当时的医疗水平难以诊疗。

前款第一项情形中，医疗机构或者其医务人员也有过错的，应当承担相应的赔偿责任。

纠纷解决技巧

在患者或者其家属不配合医院进行符合诊疗规范的诊疗，从而造成患者损害的情况下，如果医务人员存在过错，例如没有尽到告知义务，没有让患者或其家属清楚明确地了解患者的病情以及可采取的医疗措施和相应的风险，那么患者和医院双方都有过错，医院也应当承担一定比例的责任。

试题

在诊疗过程中造成患者损害时，如果存在某些情形，则医院可以不承担赔偿责任。下列哪一个不是这里所说的情形？（　　）[1]

A. 限于当时的医疗水平难以诊疗

B. 患者或者其近亲属不配合医疗机构进行符合诊疗

[1] 答案：D。

规范的诊疗

C. 医务人员在抢救生命垂危的患者等紧急情况下已经尽到合理诊疗义务

D. 医院垫付患者的医药费

笔记区

▶ 47. 医疗机构能否未经患者同意公开其病历资料？

案例

小周是一个爱美的女孩子，对自己的"塌鼻子"不满意，觉得这大大影响了自己的容貌，必须要作出些改变。小周找到镇上一家医院进行假体隆鼻手术。手术进行得很成功，术后恢复得也很好，小周终于如愿拥有了挺拔的鼻梁，对手术非常满意，觉得自己变得更漂亮了。几周后，小周去医院复查，竟然发现自己的手术成为医院的典型成功案例，相关照片被制作成展板进行展示。小周的病历资料也被详细地展示出来，虽然隐去了姓名，但根据病历中的图片和描述，完全可以认出是小周。小周很生气，立即找医院要说法，要求立即撤下展板。但医院认为，病历是医院在治疗过程中所形成的工作记录，医院有权将自己的工作对外展示。

法律分析

病历，是指医务人员在医疗活动过程中形成的文字、符号、图表、影像、切片等资料的总和，不仅记载着患者的姓名、年龄等身份信息，而且记录了患者接受治疗的过程

笔记区

和内容,具有很强的私密性,患者往往不愿意让他人知晓。而医院无论是出于什么样的目的,均不能在不经患者同意的情况下公开其病历资料,否则将会对患者的情感和正常生活造成极大影响。因此,《中华人民共和国民法典》第1226条明确规定,医院和医务人员负有对患者隐私和个人信息保密的义务,不得未经患者同意公开其病历资料,否则就应当承担侵权责任。

对于整形手术,患者一般都不愿意让别人知道,本案中,小周当然也不例外。医院在不经小周同意的情况下,将小周隆鼻手术的病历资料进行展示,极大地侵害了小周的隐私。因此,医院应当立即停止侵害:撤下展板,并消除由此产生的不良影响,向小周赔礼道歉。如果因此造成了小周经济上的损失,医院还应当进行相应的赔偿。

知识链接

《中华人民共和国民法典》第一千零三十二条 自然人享有隐私权。任何组织或者个人不得以刺探、侵扰、泄露、公开等方式侵害他人的隐私权。

隐私是自然人的私人生活安宁和不愿为他人知晓的私密空间、私密活动、私密信息。

《中华人民共和国民法典》第一千零三十四条 自然人的个人信息受法律保护。

笔记区

个人信息是以电子或者其他方式记录的能够单独或者与其他信息结合识别特定自然人的各种信息，包括自然人的姓名、出生日期、身份证件号码、生物识别信息、住址、电话号码、电子邮箱、健康信息、行踪信息等。

个人信息中的私密信息，适用有关隐私权的规定；没有规定的，适用有关个人信息保护的规定。

《中华人民共和国民法典》第一千二百二十六条 医疗机构及其医务人员应当对患者的隐私和个人信息保密。泄露患者的隐私和个人信息，或者未经患者同意公开其病历资料的，应当承担侵权责任。

最高人民法院《关于审理医疗损害责任纠纷案件适用法律若干问题的解释》第六条第一款 民法典第一千二百二十二条规定的病历资料包括医疗机构保管的门诊病历、住院志、体温单、医嘱单、检验报告、医学影像检查资料、特殊检查（治疗）同意书、手术同意书、手术及麻醉记录、病理资料、护理记录、出院记录以及国务院卫生行政主管部门规定的其他病历资料。

纠纷解决技巧

不仅医院和医务人员不经患者同意公开其病历资料，要承担侵权责任，而且，只要违规泄露患者的相关隐私和个人信息，如患者的姓名、电话号码、身份证号码等能够单

笔记区

独或者与其他信息结合识别特定自然人的各种信息,都要承担侵权责任,不需要以造成患者损失为条件。医院和医务人员应当立即停止侵害、消除影响、恢复名誉、赔礼道歉;造成患者损失的,还应当进行赔偿。当然,如果医院由于向有关单位报告疫情等特殊情况,未经患者同意而公开其病历资料的,则不需要承担侵权责任。

试题

甲患有胃病,来到县里的医院治疗,形成了一系列病历资料。对于该病历,下列哪一说法是错误的?(　　)①

A. 医院应当妥善保管该病历资料

B. 医院不得私自公开该病历资料

C. 只要医院不是用于营利目的,就可以自行公开该病历资料

D. 患者有权复制该病历资料

① 答案:C。

笔记区

▶ 48. 医疗纠纷可以通过哪些途径解决?

案例

某天,小郭的女儿突发高烧,小郭便带着孩子来到镇上的医院治疗。医生检查后,发现小郭的女儿是普通的病毒性感冒,于是就开了些消炎药和退烧药,让小郭带着孩子去打点滴。结果,配药的护士心不在焉,将小郭女儿的药和其他患者的药弄混了。小郭女儿输完液后,非但没有退烧,还口吐白沫、呼吸困难。随后,其被送往急救室治疗,经过治疗虽然前述症状消失了,但仍给小郭女儿的身体造成了不可逆转的损伤。对此,小郭无比伤心和愤怒,认为医院和那名护士难逃其责。随后,因为双方没有就赔偿事宜达成一致意见,小郭便天天在医院大厅举着条幅示威,并时不时地破口大骂,极大地扰乱了医院正常的工作秩序。一天,小郭在医院看到那名配错药的护士,便冲上去对其进行殴打,医院无奈只能报警,小郭也被抓了起来。

法律分析

本案中,那名护士由于自己的疏忽造成了严重的医疗事故,医院应当承担相应的赔偿责任。在双方没有就赔偿问题协商一致时,小郭选择的维权方式是严重错误的,不

笔记区

仅扰乱了医院正常的工作秩序,使其他患者无法及时得到救治,小郭还会面临罚款或者拘留的行政处罚。如果造成严重后果,小郭甚至会被追究刑事责任。因此,在发生医疗纠纷时,万万不可效仿小郭的做法。正确的解决方式应当是先与医院充分协商;如果协商不成,应当申请人民调解、行政调解,或者向法院提起诉讼。人民调解,是指在村委会或者企事业单位中设立的人民调解委员会,依照法律、政策及社会主义道德规范,对双方当事人进行劝说,使其彼此原谅并作出一定程度的让步,自愿达成纠纷解决协议;行政调解则往往是在当地卫生行政机关的主持下,进行调解。

知识链接

《医疗纠纷预防和处理条例》第二十二条 发生医疗纠纷,医患双方可以通过下列途径解决:

(一)双方自愿协商;

(二)申请人民调解;

(三)申请行政调解;

(四)向人民法院提起诉讼;

(五)法律、法规规定的其他途径。

纠纷解决技巧

医疗纠纷通常比较复杂,患者的心情往往非常焦虑和

笔记区

悲痛。在实践中,有很多纠纷无法通过双方协商的途径解决,于是,患者就需要考虑选择调解还是去法院提起诉讼。就调解而言,其优点在于便利省时、节约费用,但效力不是很强,程序也不是很规范;而选择去法院起诉,则需要耗费很多时间、金钱和精力,但其权威性和效力都更强,对将来的责任承担也更有保障。患者应当根据自身情况,选择最适合自己的解决方式。

试题

医疗纠纷发生时,医患双方可以采取多种解决方式,但不包括下列哪一方式?(　　)[①]

A. 双方自愿协商

B. 向人民法院提起诉讼

C. 拉条幅静坐

D. 申请人民调解

---

① 答案:C。

笔记区

▶ 49. 受害人在获得医疗保险赔偿后，能否继续请求医疗机构赔偿?

案例

因邻里琐事，小李被邻居小张打伤后住院治疗，先后共花费医疗费两万余元。因为小李参加了新型农村合作医疗保险(俗称新农合)，所以小李出院后一部分医疗费由新农合医疗保险基金结付报销。随后，小李要求小张赔偿自己的损失。小张也同意赔偿，但认为既然小李部分医疗费已经由医疗保险基金报销，自己对这一部分就无须再赔偿了，否则就形成重复赔偿。小李则认为，这是两码事，不能由自己的医疗保险为小张的错误“买单”，坚持小张应赔偿自己的全部损失。

法律分析

对受害人获得医疗保险基金赔付的部分，还能否继续要求侵害人赔偿的问题，我国现行法律并没有作出明确规定，但从理论上分析，这应当是可以的。二者在本质上分属两个不同的法律关系领域。医疗保险，是以参保人缴纳医疗保险费为前提才能享受社会提供的医疗保障补贴的社会保障制度，属于社会法范畴。而侵害人实施加害行为

笔记区

造成他人损害而产生的侵权责任的承担，属于民法范畴。受害人获得医疗保险基金赔付，并不影响对侵害人的追责。

本案中的小李在部分医疗费已经由医疗保险基金进行赔付的情况下，仍然可以就全部损失要求小张赔偿。

知识链接

国务院《关于建立城镇职工基本医疗保险制度的决定》 医疗保险制度改革的主要任务是建立城镇职工基本医疗保险制度，即适应社会主义市场经济体制，根据财政、企业和个人的承受能力，建立保障职工基本医疗需求的社会医疗保险制度。

国务院《关于整合城乡居民基本医疗保险制度的意见》 整合城镇居民基本医疗保险（以下简称城镇居民医保）和新型农村合作医疗（以下简称新农合）两项制度，建立统一的城乡居民基本医疗保险（以下简称城乡居民医保）制度，是推进医药卫生体制改革、实现城乡居民公平享有基本医疗保险权益、促进社会公平正义、增进人民福祉的重大举措，对促进城乡经济社会协调发展、全面建成小康社会具有重要意义……

纠纷解决技巧

社会医疗保险制度的受益人应当是受害人，设立该制度的目的在于使受害人能够受到较好的医疗救助,减轻受害人的痛苦和经济负担,而不是减轻侵害人的赔偿责任。即便事后医疗保险单位可以追偿,也应当是向受害人追偿,与侵害人无关。实践中,最高人民法院和很多地方人民法院的判决也支持了本案例所传达的观点:受害人获得医疗保险基金赔付的部分,仍可继续要求侵害人赔偿。

笔记区

试题

甲被乙砸伤后住院,其所支付的医疗费中,有一部分已经由医疗保险基金进行了赔偿。随后,甲要求乙赔偿自己的损失。对此,下列哪一选项是正确的?(　　)[①]

A. 甲不可以再要求乙承担赔偿责任

B. 甲只可以就未获得医疗保险赔偿的部分,要求乙承担赔偿责任

C. 医疗保险基金可以要求乙承担赔偿责任

D. 甲可以就自己的全部损失,要求乙承担赔偿责任

---

① 答案:D。

笔记区

▶ 50. 饲养的牲畜造成他人损害时，该如何承担责任？

案例

某日，村民叶某站在梯子上修整自家的围墙，此时，邻居家张某饲养的猪被白某饲养的黄狗追逐，猪因为受惊撞翻了叶某所站立的梯子，导致叶某从近两米高处跌落并撞在石头上，左腿骨折。在后续治疗中，叶某花费医疗费8000元。叶某住院期间曾找到白某和张某协商，要求白某和张某赔偿其损失。白某同意对叶某的损失进行赔偿，但张某认为，损害结果是白某的狗造成的，因而拒绝赔偿。白某和张某是否应当承担赔偿责任呢？

法律分析

根据《中华人民共和国民法典》第1245条的规定，饲养动物造成他人损害的，动物饲养人或者管理人应当承担侵权责任。可见，该项规定遵循无过错原则，即使饲养人对于受害人的损害结果没有过错，也要承担赔偿责任。根据此项规定，必须是饲养的动物，因其自主行为使其自身固有危险得以实现，造成受害人遭受到人身或财产损害。例如，猫存在挠人的固有危险。某日，一只猫挠伤了路过

笔记区

的行人，则属于猫固有危险的实现。需要注意的是，动物的行为和受害人的受损结果之间需有因果关系。本案中白某的狗和张某的猪都属于饲养的动物，动物自主行为使其固有危险得以实现，造成叶某受伤，因此，白某和张某饲养动物的行为都和叶某受损的结果之间存在因果关系，是两只动物的自主行为共同造成了叶某的损失。白某和张某作为动物的饲养人或管理人，都应当依法承担责任。

知识链接

《中华人民共和国民法典》第一千二百四十五条 饲养的动物造成他人损害的，动物饲养人或者管理人应当承担侵权责任；但是，能够证明损害是因被侵权人故意或者重大过失造成的，可以不承担或者减轻责任。

纠纷解决技巧

在本案中，白某饲养的狗和张某饲养的猪的行为都是叶某受损的原因。因此，白某和张某应当共同承担赔偿责任。因农村地区大部分村民家都会饲养动物，如狗、猪、牛、鸡等，而动物都存在一定的固有风险，如果看管不利或动物失控，往往容易造成损害结果，因此，饲养动物致人损伤的侵权损害问题在农村地区比较常见。由于《中华人民共和国民法典》在该问题上规定了无过错责任原则，也就赋予了饲养人更高的注意义务。因此，饲养人在饲养动物

笔记区

时,应当更加注意对动物的看管,尽量避免因为饲养的动物失控造成别人损伤,而使自己承担额外的侵权损害赔偿责任。

试题

某日,甲村的韩某驾驶摩托车回村,行驶至村口时,李某饲养的狗突然窜出,韩某躲闪不及和狗相撞,造成自身受伤,在后续的治疗中花费医药费 5000 元。对于本案应由(　　)。[①]

A. 韩某承担全部损失

B. 李某承担侵权责任

C. 韩某和李某共同承担损失

D. 由保险公司赔偿损失

① 答案:B。

笔记区

▶ 51. 流浪动物伤人时，投喂人是否应当承担责任？

案例

自2018年起，王某门口经常出现一只流浪猫。王某当初见小猫可爱，爱心大发，便经常把一些剩余饭菜倒在门口，供小猫食用。邻居张某见王某喂养流浪动物，担心这只流浪猫会赖在附近不走，多次好言劝阻王某，王某没有理他，依然每天准时喂养。一日，陈某从王某家门口路过，不知为何小猫突然跳起，一下子抓伤了陈某的手臂，陈某连忙前往医院接种狂犬疫苗。后来，陈某得知王某经常喂养那只流浪猫，便要求其赔偿。

法律分析

根据《中华人民共和国民法典》第1245条的规定，饲养人或管理人对动物具有管理职责，其饲养的动物给他人造成损害的，动物饲养人或者管理人应当承担侵权责任。饲养人或管理人并不仅指动物的主人，如果为流浪猫经常、固定地提供食物、活动场所，实际上履行了动物主人的管理义务，在法律上便具有了动物主人的管理职责。因为，在其家门口向包括流浪猫在内的流浪动物投喂食物，

笔记区

客观上会引发动物习惯性地聚集、候食，从而形成隐患，增加邻居与路人受伤的风险。因此，投喂流浪动物的人应当对投喂的动物造成的损害承担责任。本案中，王某虽然不是流浪猫的主人，但因为其经常性、固定性的投喂行为，便具备了动物管理人、饲养人的法律地位。因此，王某投喂的流浪猫造成了陈某的损失，王某应当承担相应的赔偿责任。

知识链接

《中华人民共和国民法典》第一千二百四十五条 饲养的动物造成他人损害的，动物饲养人或者管理人应当承担侵权责任；但是，能够证明损害是因被侵权人故意或者重大过失造成的，可以不承担或者减轻责任。

《中华人民共和国民法典》第一千二百五十一条 饲养动物应当遵守法律法规，尊重社会公德，不得妨碍他人生活。

纠纷解决技巧

饲养动物应当遵守法律法规，尊重社会公德，不得妨碍他人生活。对于自己的饲养的小猫、小狗或其他动物，一定要尽到管理职责，不能损害他人的合法权益，应采取一些防范宠物伤人的措施，如注意牵绳等。对于宠物的粪便也应当妥善处理。对于流浪猫与流浪狗，如果经常喂养，就应当尽到管理职责，否则所喂养的流浪动物造成他人损害，喂养者哪怕不是动物名义上的主人，也应当承担赔偿责任。此外，遗弃的动物导致他人损害的，动物的饲养人、管理人也应当承担责任。当然，根据《中华人民共和国民法典》第 1245 条的规定，如果有人故意挑逗小猫、小狗或其他动物导致自身被咬伤，由于受害人存在故意，动物饲养人或管理人可以减轻或者免除责任。

笔记区

试题

某路口有流浪狗频频伤人。某日，居民马大姐倒垃圾时不慎被狗咬伤，小军下班路过，见状将狗赶走。经调查，由于陈某经常在该路口投放食物喂养流浪狗，流浪狗便时常来此候食。下列选项正确的是（　　）。[①]

A. 马大姐有权要求小军承担赔偿责任

B. 马大姐有权要求陈某承担赔偿责任

C. 马大姐无权要求任何人承担赔偿责任

D. 马大姐有权要求小军和陈某共同承担赔偿责任

---

① 答案：B。

笔记区

▶ 52. 强行劝酒造成他人损害时，该如何承担责任？

案例

张某为孙子摆婚宴，同村的赵某开了一辆小面包车去给张某送烟酒，并随了份子钱。赵某刚要走，就被张某留住："大喜的日子，吃了饭再走吧。"随后，赵某找了张桌子坐下。随着婚宴的进行，大家开始喝起喜酒，赵某这桌也不例外。因为还要开车回去进货，赵某没敢喝酒。同桌的其他人便劝他："少喝点酒开车没事的，回镇里不经过大路，也不会有人查酒驾。"见赵某还在犹豫，张某便说："凭咱俩的关系，今天这个日子你不喝就是看不起我。"赵某一听脸色便绷不住了，于是喝了 6 两白酒。没想到，在离开李家的路上，因为醉酒，赵某连人带车掉进了沟里，被路人发现时已经死亡。

法律分析

《中华人民共和国民法典》第 1165 条第 1 款规定，因过错侵害他人民事权益造成损害的，应当承担侵权责任。醉酒后人的自我控制力下降，头脑不再清醒，因此很可能面临更多危险。在一般情况下，饮酒导致自身受到损害的，由饮酒人自己承担责任。但是，共同饮酒过程中，如果其他同饮者实施了具有强迫性的劝酒行为，如言语刺激、纠缠不休、强行灌酒等，就要承担保障共同饮酒者安全的义务。如果劝酒人实施了劝酒行为却不承担相应的护送等保护安全的义务，饮酒者一旦因饮酒遭到损害，对劝酒有过错的共饮人、劝酒人及组织者则可能承担一般侵权责任。对于酒后驾车的行为，一同饮酒的人也有劝阻义务。本案中，张某采用言语刺激的方式，强迫性地劝赵某饮酒。赵某因喝酒发生交通事故，张某也未尽到相应的劝阻与护送义务。因此，他的行为构成侵权行为，需要对赵某的死亡承担一定的赔偿责任。

知识链接

《中华人民共和国民法典》第一千一百六十五条第一款 行为人因过错侵害他人民事权益造成损害的，应当承担侵权责任。

纠纷解决技巧

酒桌上喝酒，一定要做到自愿喝酒、不劝酒、不强迫。如果明知他人身体不适，如酒精过敏、吃消炎药等情形，就更不能劝他人喝酒。朋友之间的交情不能只体现在酒桌上，酒后的照顾义务也是友谊深厚的体现。如果劝他人喝酒，就必须主动承担护送、照顾的义务。如果朋友想要酒

笔记区

后开车,更要进行劝阻:开车不喝酒,喝酒不开车。否则,自己可能会承担法律责任,朋友间也可能反目成仇甚至阴阳两隔。

试题

何某心情不好邀请好友郑某喝酒,郑某不胜酒力,何某依然不依不饶,出言“你不喝就不是朋友”,郑某推脱不过。回家时,郑某因饮酒过度摔倒在路边花坛而受伤。下列选项正确的是(　　)。[1]

A. 何某没有采用强迫手段,不属于强迫劝酒

B. 何某采用语言强迫郑某喝酒,属于强迫劝酒,但无须承担责任

C. 郑某自己不胜酒力,摔伤与何某无关

D. 郑某有权要求何某承担一定的赔偿责任

---

① 答案:D。

笔记区

▶ 53. 工厂污染环境致人损害时,该如何承担责任?

案例

村民小李承包了一个果园,专门种植柑橘,开办3年来,产量与质量年年上升,越办越红火。但谁知,村里项目开发,在果园旁开办了一家瓷砖厂,高耸的烟囱排出大量的黑烟,给果园的果树都蒙上一层细灰,柑橘的产量和质量也一落千丈。小李认为,正是瓷砖厂污染了环境才造成了自己的损失,便要求瓷砖厂进行赔偿。但瓷砖厂要求小李拿出具体证据,证明其果树产量和质量的下降是排出的黑烟所造成的,也即两者之间存在因果关系。由于这种证明十分复杂,需要物理、生物、化学等多个领域的专业知识和能力,小王无力证明。于是,瓷砖厂便拒绝赔偿。

法律分析

一般来说,要求侵害人承担侵权责任,受害人除了要证明有损害结果的发生、侵害人有违法加害行为以及侵害人有过错外,还需要证明该损害结果是由侵害人的加害行为所引发的,也即两者之间存在因果关系。但由于在环境污染侵权案件中,加害行为复杂多样,也是一个渐进持续性过程。加害行为的实施与损害结果的产生往往有着较长的时间间隔,因果关系较隐蔽,涉及多个学科的专业知识,相关证据也容易灭失。此外,由于人力、物力和现有科技水平的限制,受害人往往无法证明加害行为与损害结果之间存在具有严密科学理论支撑的因果关系。因此,由于环境侵权类案件的特殊性,根据《中华人民共和国民法典》第1229~1230条的规定,受害人只要证明损害结果的发生和侵害人的加害行为就可以了,侵害人应举证证明自己不应承担责任或应减轻责任,并应证明其行为与损害结果间不存在因果关系。如果不能证明,侵害人不但要赔偿给受害人造成的损失,还必须承担环境修复的责任,并非“一赔了之”。

所以,在本案中,小李要求瓷砖厂承担赔偿责任,只需要证明自己果树的产量和质量下降以及瓷砖厂存在违规排放黑烟的行为即可。瓷砖厂应当举证证明自己存在不承担责任或可以减轻责任的情形,以及其行为与损害结果之间没有因果关系。若其无法证明,就应当赔偿小李的损失,同时要在合理期限内修复对环境造成的损害。

知识链接

《中华人民共和国民法典》第一千二百二十九条 因污染环境、破坏生态造成他人损害的,侵权人应当承担侵权责任。

《中华人民共和国民法典》第一千二百三十条 因污染环境、破坏生态发生纠纷，行为人应当就法律规定的不承担责任或者减轻责任的情形及其行为与损害之间不存在因果关系承担举证责任。

《中华人民共和国民法典》第一千二百三十四条 违反国家规定造成生态环境损害，生态环境能够修复的，国家规定的机关或者法律规定的组织有权请求侵权人在合理期限内承担修复责任。侵权人在期限内未修复的，国家规定的机关或者法律规定的组织可以自行或者委托他人进行修复，所需费用由侵权人负担。

纠纷解决技巧

受害人虽然无须证明侵害人的加害行为与损害结果之间存在因果关系，但仍须证明两者间有一定的关联性，否则易将一些无关的损害结果强加于侵害人，有违公平正义。例如，本案中，小李将瓷砖厂开工前的产量与开工后的产量对比后，发现有很大不同，还发现越靠近瓷砖厂的果树，叶子更薄更黄，茎秆越细，产量越低。根据这些材料，小李就可以证明两者间存在一定的关联性。此外，瓷砖厂证明自己不承担责任和减轻责任，主要是证明存在不可抗力、受害人故意等情形。

笔记区

试题

镇上一家化工厂每天排放大量的污水。村民甲的甲鱼养殖场就在工厂附近,慢慢地就出现大量甲鱼莫名死亡的情况。甲认为是化工厂造成的,便要求其承担侵权责任。对此,下列哪一说法是错误的?( )①

A. 甲需要证明化工厂存在侵害行为

B. 甲需要证明自己的损害结果

C. 甲需要证明化工厂的侵害行为与自己的损害结果之间存在因果关系

D. 甲不需要证明化工厂具有过错

① 答案:C。

笔记区

54. 高空抛物致人损害时，该如何承担责任？

案例

由于新农村建设，某村村民搬进了6层楼房中。一天，小郭从楼下经过，被楼上掉下来的一个水杯砸中，当场昏迷，被送往医院治疗，花费医疗费数万元。事后公安机关调查时，楼上的住户均否认水杯是从自家掉下去的，监控也没有拍到相关的画面。经过各种途径的调查，最终仍无法确定具体的侵害人。但除了住在5楼的小李、小刘和住在6楼的小张外，该楼内的其他住户都可以证明案发时间段内，家里没有人也没有饲养任何宠物，并且窗户都是关闭的。小郭便陷入了困惑，不知道该要求谁承担责任，赔偿自己所遭受的损害。

法律分析

“高空抛物”类案件近些年经常发生，给人民群众的生命财产安全造成了极大危害。如果能够确定具体的侵害人，就应当由该侵害人承担责任。但实践中，由于相关证据的缺乏，案发后往往难以确定砸伤人的物件是从哪个住户的家中掉落的，一栋楼中有很多高层住户，都具备实施侵害行为的条件，受害人容易面临维权难的困境。因此，

笔记区

《中华人民共和国民法典》第 1254 条特别规定，在无法确定侵害人的情形下，应当由具备实施侵害行为条件的所有住户共同补偿受害人的损失，但有确切证据能够证明自己不是侵害人的住户不用补偿。

在本案中，小郭被从楼上掉落的水杯砸伤，经过详细调查后，无法确定具体的侵害人。小张、小李和小刘住在 5 楼以上，都具备实施该侵害行为的条件。低楼层住房往往不具备侵害条件，例如，水杯从 2 楼丢出，高度不高导致水杯砸到人时速度不快，也就难以造成严重的损害后果。同时，小张、小李和小刘 3 人又无法证明案发时自己家中没有人以及窗户是关闭的，也即无法证明自己不是侵害人。因此，应当由小张、小李和小刘 3 人共同适当补偿小郭的损失。

知识链接

《中华人民共和国民法典》第一千二百五十四条 禁止从建筑物中抛掷物品。从建筑物中抛掷物品或者从建筑物上坠落的物品造成他人损害的，由侵权人依法承担侵权责任；经调查难以确定具体侵权人的，除能够证明自己不是侵权人的外，由可能加害的建筑物使用人给予补偿。可能加害的建筑物使用人补偿后，有权向侵权人追偿。

物业服务企业等建筑物管理人应当采取必要的安全

保障措施防止前款规定情形的发生；未采取必要的安全保障措施的，应当依法承担未履行安全保障义务的侵权责任。

笔记区

发生本条第一款规定的情形的，公安等机关应当依法及时调查，查清责任人。

纠纷解决技巧

解决该类纠纷时，首先要经过调查找到侵害人。如果能找到，则由该侵害人承担责任；只有无法找到侵害人时，才由该栋楼中可能实施侵害行为的所有住户共同补偿受害人。住户证明自己不是侵害人时，可以提供自己家中没有人、没有砸伤人的物品或者自家楼层太低，不能造成该严重损害后果等证据来证明。可能实施侵害行为的住户补偿后，如果找到了侵害人，则可以向其追偿。同时，如果小区的物业没有采取防止物件高空坠落伤人的措施，则也要承担相应的侵权责任。补偿与赔偿不同，赔偿意味着当事人对损害结果的发生存在过错，需要承担侵权责任；补偿意味着当事人没有过错，无须承担侵权责任，其是基于公平正义的考虑，对受害人进行人道主义救助。

笔记区

试题

甲在楼下散步时，被从楼上掉落的铁锅砸伤，无法确定是哪一户人家的铁锅。事后，甲要求楼里的住户承担侵权责任。下列哪一说法是错误的？（　　）①

A. 住在6楼的乙能够证明案发时，家里没有人且其家中窗户都是紧闭的，便可以不承担责任

B. 住在5楼的丙能够证明自家从来不做饭，家里没有这样的铁锅，便可以不承担责任

C. 楼里的住户应当共同补偿甲的损失

D. 物业公司没有采取相应防护措施的，也应当承担一定的责任

① 答案：C。

笔记区

▶ 55. 哄抢行为是否因“法不责众”而无须承担责任?

案例

小郝拉着新进的6万斤橘子从甲镇出发前往乙镇售卖,在运输途中不慎在村道的急弯道驾驶失误,导致货车侧翻,卡车货箱破损,大量橘子散落在道路上。周围的一些村民看到地上散落的橘子,一拥而上,开始哄抢。虽然小郝和朋友小王尽可能回收橘子,但是最终回到他们手中的橘子只剩下2千多斤。事后,小王要求村民还回橘子,但是有村民认为,橘子散落在地上就可以被自己捡走,而且众多村民都来捡橘子,自己不拿是吃亏,反正法不责众,自己不会承担法律责任。但是,事实是这样的吗?

法律分析

首先,需要明确的是,不论橘子是否散落,前来哄抢橘子的行为都属于私占他人财产的违法行为,需要承担侵权责任。所以,看到此类事件,个人坚决不能前去捡拾财物。

其次,不存在法不责众的情况,不能心存侥幸实施违法行为。在上述哄抢事件中,参与抢夺的村民只存在违法行为程度轻重的区别。根据《中华人民共和国治安管理处

笔记区

罚法》第49条的规定，哄抢橘子已经属于违法行为，违法者会被拘留并且罚款。如果有村民主动前往抢夺并且招呼其他村民一起前来捡橘子，若最终损失橘子的金钱价值数额较大，那么这几个村民还有违反刑法、触犯聚众哄抢罪的风险。此时，处罚内容就不是拘留或罚款，还包含有期徒刑、管制、拘役。所以，如果参与哄抢人数众多，“法”不仅会“责众”，还会“重责”，个人不应存在侥幸心理，去侵占他人财物。

知识链接

《中华人民共和国民法典》第二百六十七条 私人的合法财产受法律保护，禁止任何组织或者个人侵占、哄抢、破坏。

《中华人民共和国刑法》第二百六十八条 聚众哄抢公私财物，数额较大或者有其他严重情节的，对首要分子和积极参加的，处三年以下有期徒刑、拘役或者管制，并处罚金；数额巨大或者有其他特别严重情节的，处三年以上十年以下有期徒刑，并处罚金。

《中华人民共和国治安管理处罚法》第四十九条 盗窃、诈骗、哄抢、抢夺、敲诈勒索或者故意损毁公私财物的，处五日以上十日以下拘留，可以并处五百元以下罚款；情节较重的，处十日以上十五日以下拘留，可以并处一千元

笔记区

以下罚款。

纠纷解决技巧

公民合法的私有财产受法律保护,个人不仅要积极维护自己的财产利益,也要尊重他人的财产权利,不能抱着侥幸心理随意拿走别人的财物。法律并不会因为违法犯罪人数众多而向违法犯罪妥协。相反,如果因为参与人数众多而造成更严重的违法后果,违法者受到的处罚也就更重。在遇到聚众哄抢类事件时,普通人应当不参与、不纵容,更不能组织实施哄抢行为;被哄抢的货主也应当及时报警留证,用法律武器维护自己的权利。

试题

小赵在回家路上发现有货车侧翻,货物散乱一地,请问他现在不应该做的事情是(　　)。[1]

A. 协助司机收集货物

B. 帮助维护现场秩序

C. 抢四周散落货物

D. 打电话报警求助

① 答案:C。

笔记区

▶ 56. 见义勇为人受到损害时，受益人是否应当予以补偿？

案例

某日，小李在村后水库中游泳时小腿抽筋，于是大声呼救。正好同村小王和小张经过。小王立即跳入河中，向小李游去。经过小王和岸上小张的共同努力，小李获救，小王却因体力不支没入水库中身亡。小王系独生子女，他的死亡给其父母带来了巨大的精神痛苦。此外，小王还是家里的经济支柱。虽然事后小李上门表示感谢和表达歉意，但小王的父母认为小李应当予以赔偿。而小李觉得自己没有过错，也是受害者。于是双方陷入了僵持局面。

法律分析

承担侵权责任，要求当事人实施了侵害他人合法权益的违法行为，而本案中的小李去河里游泳是正常的生活行为，并不是违法行为，因此无须承担侵权责任。但小王是因为救助小李，而失去了宝贵的生命，给其家人带来了无尽的悲伤，家人的经济也陷入困难。这样的损害后果对小王家人来说是十分严重的。基于公平正义、社会的一般道德观念和准则，小李应该分担小王家人的损失。同时，本

笔记区

案中并没有具体的侵害人，因此，小李应予以小王父母一定的经济补偿。见义勇为是一种体现社会团结互助的高尚行为，应当大力提倡和鼓励。在见义勇为人受到损害而侵害人又无法对其赔偿时，由受助人对其适当补偿，可以避免英雄“流血又流泪”的现象发生。

知识链接

《中华人民共和国民法典》第一百八十三条 因保护他人民事权益使自己受到损害的，由侵权人承担民事责任，受益人可以给予适当补偿。没有侵权人、侵权人逃逸或者无力承担民事责任，受害人请求补偿的，受益人应当给予适当补偿。

《中华人民共和国民法典》第九百七十九条 管理人没有法定的或者约定的义务，为避免他人利益受损失而管理他人事务的，可以请求受益人偿还因管理事务而支出的必要费用；管理人因管理事务受到损失的，可以请求受益人给予适当补偿。

管理事务不符合受益人真实意思的，管理人不享有前款规定的权利；但是，受益人的真实意思违反法律或者违背公序良俗的除外。

纠纷解决技巧

在处理受益人是否应给予受到损害的见义勇为人补

笔记区

偿的问题时,应首先判断是否存在具体的侵害人。如果存在,则应当由侵害人赔偿见义勇为人;受益人可以予以补偿,也可以不予以补偿。但如果不存在侵害人或者侵害人逃跑、没有能力赔偿时,则应当由受益人适当补偿见义勇为人。在补偿数额的确定上,应综合考虑受益人的受益情况和经济状况、见义勇为人的经济和生活困难情况以及当地的生活水平等各种因素来合理确定。

试题

一天,甲在村里行走,突然被一只野狗追着咬,同村的乙听到甲的呼喊声,赶来驱赶野狗,但过程中乙被这只野狗咬伤了。对于乙遭受的损害,下列哪一说法是正确的?(　　)①

A. 该村村委会应当予以赔偿

B. 甲可以予以适当补偿

C. 甲应当予以适当补偿

D. 乙应自认倒霉

① 答案:C。

笔记区

▶ 57. 紧急救助人造成受助人损害时,该如何承担责任?

案例

某日,王奶奶在家门口晒太阳时,突然昏厥。路过此处的小赵赶忙上前施救,对王奶奶进行心肺复苏,并将其送往医院救治。因为小赵采取措施及时,王奶奶平安脱险。后经检查,王奶奶双侧 8 根肋骨骨折,住院多日。事后,王奶奶认为是小赵实施心肺复苏操作不当,导致自己骨折,要求小赵赔偿自己的损失。但小赵深感委屈和难过,觉得自己救了王奶奶的性命,怎么反而要承担赔偿责任?

法律分析

为了保护和倡导见义勇为的行为,防止紧急救助人事后被受助人讹诈,同时考虑到,在紧急情况下,救助人往往没有时间进行全面、充分的思考,要求其承担过多的注意义务显然不合理,《中华人民共和国民法典》规定了"好人条款",第 184 条规定,在紧急情况下,救助人自愿实施救助行为造成受助人损害的,救助人无须承担责任。适用该条款需要满足如下几个条件:一是情况紧急,如受助人遭

笔记区

受不法侵害、突发疾病等；二是紧急救助人自愿实施救助，对救助有法定或约定义务的人不适用；三是仅限于造成受助人损害的情形，不能是造成其他人员损害。在本案中，王奶奶突然发病昏厥，情况紧急，且路人小赵并没有实施救助的义务，属于自愿救助的行为，也并未造成除王奶奶以外的其他人员损害。因此，符合适用《中华人民共和国民法典》"好人条款"的条件，即便小赵实施心肺复苏时存在操作不当的问题，也无须承担责任。

知识链接

《中华人民共和国民法典》第一百八十四条 因自愿实施紧急救助行为造成受助人损害的，救助人不承担民事责任。

纠纷解决技巧

《中华人民共和国民法典》第184条对维护社会和谐稳定，弘扬社会主义核心价值观具有十分重大的意义，对解决"碰瓷"和社会"冷漠化"问题，也发挥着重要作用。虽然法律赋予了紧急救助人在造成受助人损害时的责任"豁免权"，但救助人不能滥用这项权利，在实施救助时不可漫不经心、毫无顾虑，应当在现场条件和自身条件允许的情况下，最大可能地妥善救助，尽量减少过度救助和错误救助的发生，这样才能使"好人条款"真正发挥出应有的作用。

笔记区

试题

一日,甲夜晚下班途中遭遇劫匪,路人乙上前与劫匪搏斗。在搏斗过程中,乙不小心将甲打伤。针对甲遭受的损害,下列哪一说法是错误的?(　　)①

A. 该劫匪应当承担责任

B. 乙无须承担责任

C. 如果乙存在过错,则应当承担责任

D. 乙的行为应当受到鼓励和倡导

① 答案:C。

笔记区

58. 私自将他人拍摄进自己的短视频作品，是否侵犯肖像权？

案例

村民小王热衷于拍摄短视频，其为了获得更多的关注量，经常在未经邻居小李同意的情况下，拍摄小李日常生活劳作的视频，上传至短视频平台。久而久之，小王有了不少粉丝，作品的评论数量也很多，但这也对小李的正常生活造成了一定干扰。随后，小李认为，小王所拍摄的涉及自己的短视频作品，事先未征得自己同意，侵害自己的肖像权，要求小王承担相应的侵权责任。但小王认为自己拍摄短视频，是为了记录乡村生活，没有营利目的，不构成侵权。

法律分析

肖像权是人格权的一种，是自然人对于肖像的制作权和使用权。肖像权人对自己的肖像享有专有权，既可以对自己的肖像权利进行自由处分，决定是否公开、如何制作和使用等，又有权禁止他人在未经其同意的情况下，擅自使用其肖像。即使侵害人使用他人肖像时不以营利为目的，也同样构成对他人肖像权的侵犯。因此，小王在未经

笔记区

小李同意的情况下，无权私自拍摄小李的短视频擅自使用，即便其没有用小李的肖像进行营利活动的目的。此外，《中华人民共和国民法典》第1020条规定了在某些情况下，使用他人肖像无须征得肖像权人同意，例如，为了个人学习、艺术欣赏、课堂教学或者科学研究，在必要的范围内使用他人已经公开的肖像；为了新闻报道而不可避免地使用；为了展示特定公共环境而不可避免地使用；为了维护公共利益或他人的权益；等等。但是，小王拍摄视频是为了获取粉丝关注，显然不是前述的无须征得肖像权人同意的情况。因此，小王的行为构成了对小李肖像权的侵犯，应当承担相应的侵权责任，立即删除涉及小李的视频，消除不良影响，向小李赔礼道歉。如果还给小李造成了经济损失，小王应当进行相应的赔偿。

知识链接

《中华人民共和国民法典》第一千零一十八条　自然人享有肖像权，有权依法制作、使用、公开或者许可他人使用自己的肖像。

肖像是通过影像、雕塑、绘画等方式在一定载体上所反映的特定自然人可以被识别的外部形象。

《中华人民共和国民法典》第一千零一十九条　任何组织或者个人不得以丑化、污损，或者利用信息技术手段

笔记区

伪造等方式侵害他人的肖像权。未经肖像权人同意,不得制作、使用、公开肖像权人的肖像,但是法律另有规定的除外。

未经肖像权人同意,肖像作品权利人不得以发表、复制、发行、出租、展览等方式使用或者公开肖像权人的肖像。

《中华人民共和国民法典》第一千零二十条 合理实施下列行为的,可以不经肖像权人同意:

(一)为个人学习、艺术欣赏、课堂教学或者科学研究,在必要范围内使用肖像权人已经公开的肖像;

(二)为实施新闻报道,不可避免地制作、使用、公开肖像权人的肖像;

(三)为依法履行职责,国家机关在必要范围内制作、使用、公开肖像权人的肖像;

(四)为展示特定公共环境,不可避免地制作、使用、公开肖像权人的肖像;

(五)为维护公共利益或者肖像权人合法权益,制作、使用、公开肖像权人的肖像的其他行为。

纠纷解决技巧

需要特别指出的是,首先,肖像权的保护范围不仅是自然人的面部,凡是具有可识别性的自然人外部形象,即

笔记区

能通过该特定形象识别出该自然人，如某人极具特色的走路姿态、“招牌”动作等，均受肖像权保护。其次，构成对自然人肖像权的侵犯，不需要侵害人有营利目的，也不需要对肖像进行丑化、污蔑等，只要未经肖像权人同意，就不得私自制作、使用、公开其肖像。最后，制作、使用他人肖像必须要有一定的载体，如通过美术作品、视频等方式呈现，仅以“口述”的方式呈现，如口头表述他人的长相，不构成对肖像权的侵犯。

试题

甲在未经乙同意的情况下，偷拍乙吃饭的照片，并在微信群里进行转发。下列哪一说法是正确的？（　　）[①]

A. 甲没有用该照片进行营利活动，所以不构成对乙肖像权的侵犯

B. 甲未对该照片进行丑化，所以不构成对乙肖像权的侵犯

C. 甲是合理使用该照片，所以不构成对乙肖像权的侵犯

D. 甲的行为侵犯了乙的肖像权

① 答案：D。

笔记区

▶ 59. 网络平台用户侵权时，平台该如何承担责任？

案例

小丽因琐事与小曲发生口角，于是小丽在某短视频平台发布视频，公开小曲的隐私。小曲看到视频后，要求小丽删除，但小丽拒绝删除。随后，小曲拨打该视频平台的客服电话，要求采取相关措施，并提交了初步的证据和自己的身份信息。但该平台接到电话后，并未采取屏蔽、删除视频等必要措施。该视频给小曲的正常生活造成了严重影响，小丽因此经常受人指点。现小曲要求小丽和某短视频平台承担侵权责任。

法律分析

对于公民的隐私，他人不得私自公开，否则将会构成侵权。在网络侵权的情况下，网络服务提供者，即我们常说的网络平台，也有可能会承担一定责任，但互联网上存在海量的信息，网络平台不可能对每条信息都进行严格审查，因而《中华人民共和国民法典》第1195条规定，如果受害人发现自己权益受到侵害，可以将侵害事实以及初步的证据告知平台，平台接到通知后，应当及时采取断开链接、

笔记区

删除视频等必要措施，并把相关情况通知侵权人。如果没有采取必要措施，那么网络平台就需要承担侵权责任。本案中，小丽的行为侵犯了小曲的隐私，造成了一定的损害后果，应当承担侵权责任。同时，某短视频平台没有采取必要措施，使损害后果进一步扩大，应当就损害扩大的部分与小丽承担连带责任。也即，就损害扩大的部分，小曲可以请求该平台或者小丽承担责任，也可以要求二者共同承担责任。

知识链接

《中华人民共和国民法典》第一千零三十二条 自然人享有隐私权。任何组织或者个人不得以刺探、侵扰、泄露、公开等方式侵害他人的隐私权。

隐私是自然人的私人生活安宁和不愿为他人知晓的私密空间、私密活动、私密信息。

《中华人民共和国民法典》第一千零三十三条 除法律另有规定或者权利人明确同意外，任何组织或者个人不得实施下列行为：

（一）以电话、短信、即时通讯工具、电子邮件、传单等方式侵扰他人的私人生活安宁；

（二）进入、拍摄、窥视他人的住宅、宾馆房间等私密空间；

笔记区

（三）拍摄、窥视、窃听、公开他人的私密活动；

（四）拍摄、窥视他人身体的私密部位；

（五）处理他人的私密信息；

（六）以其他方式侵害他人的隐私权。

《中华人民共和国民法典》第一千一百九十五条 网络用户利用网络服务实施侵权行为的，权利人有权通知网络服务提供者采取删除、屏蔽、断开链接等必要措施。通知应当包括构成侵权的初步证据及权利人的真实身份信息。

网络服务提供者接到通知后，应当及时将该通知转送相关网络用户，并根据构成侵权的初步证据和服务类型采取必要措施；未及时采取必要措施的，对损害的扩大部分与该网络用户承担连带责任。

权利人因错误通知造成网络用户或者网络服务提供者损害的，应当承担侵权责任。法律另有规定的，依照其规定。

纠纷解决技巧

发现网络平台上的内容侵犯自己的合法权益时，受害人可以搜集、固定初步的证据，提交给平台并通知其采取相应的措施。平台在接到通知和相关证据后，应当根据具体情况采取必要的措施，如暂时屏蔽视频、删除视频等，并将该情况告知侵权人。侵权人可以向平台提供证据证明自己并未侵权,平台收到侵权人提供的材料后,应及时转送给受害人,并告知受害人在合理期限内,向有关部门投诉或者提起诉讼。如果受害人未按照要求采取行动,平台应当终结所采取的措施。

笔记区

试题

甲、乙是同村村民,甲因故对乙心生怨恨,写了短文发表在某平台。短文里含有大量乙的隐私,并对乙进行恶意抹黑和丑化。乙立刻通知某平台并提供初步证据,某平台不应当采取哪一措施?(　　)①

A. 删除该短文

B. 暂时屏蔽该短文,使其无法被公众检索和知晓

C. 断开该短文的网络链接

D. 静观其变,不采取任何措施

① 答案:D。

笔记区

60. 网购的劣质减肥茶致人损害时，该如何承担责任？

案例

小美从某电商平台上的某店铺购买了一款由某明星代言的减肥茶，该明星在广告中信誓旦旦地说，该产品效果极佳且无任何副作用。小美使用该产品一段时间后，不仅没有减肥成功，反而患上胃病。经过调查，该减肥茶虽没有过保质期，但其有超标的农药残留，这即是导致小美患上胃病的“罪魁祸首”。事后，在小美维权过程中，该电商平台竟无法提供减肥茶销售者和生产者的真实名称、联系方式、详细地址等信息。小美不知该向谁请求承担侵权责任。

法律分析

因产品存在缺陷致人损害时，受害人可以请求产品的生产者或销售者承担责任，也可以请求二者共同承担责任。受害人只需要证明存在侵害行为、损害结果以及两者之间存在因果关系，无须证明产品的生产者和销售者存在过错。此外，在网购的情景下，电商平台作为交易行为的组织者，负有妥善管理平台入驻商家的职责。纠纷发生后，如果电商平台无法提供涉案商家真实名称、详细地址和有效联系方式，显然没有尽到管理职责，同时也给受害人向产品的生产者和销售者维权带来了障碍。因此，在这种情况下，受害人可以请求电商平台承担责任。同时，代言人所作的虚假宣传，误导受害人购买缺陷产品，依据相关法律规定，应当承担连带责任。同样，受害人无须证明代言人存在过错。因此，本案中的小美可以请求该电商平台或代言人承担责任，也可以请求二者共同承担责任。

笔记区

知识链接

《中华人民共和国民法典》第一千二百零二条 因产品存在缺陷造成他人损害的，生产者应当承担侵权责任。

《中华人民共和国民法典》第一千二百零三条 因产品存在缺陷造成他人损害的，被侵权人可以向产品的生产者请求赔偿，也可以向产品的销售者请求赔偿。

产品缺陷由生产者造成的，销售者赔偿后，有权向生产者追偿。因销售者的过错使产品存在缺陷的，生产者赔偿后，有权向销售者追偿。

最高人民法院《关于审理食品药品纠纷案件适用法律若干问题的规定》第九条 消费者通过网络交易第三方平台购买食品、药品遭受损害，网络交易第三方平台提供者不能提供食品、药品的生产者或者销售者的真实名称、地

笔记区

址与有效联系方式，消费者请求网络交易第三方平台提供者承担责任的，人民法院应予支持。

网络交易第三方平台提供者承担赔偿责任后，向生产者或者销售者行使追偿权的，人民法院应予支持。

网络交易第三方平台提供者知道或者应当知道食品、药品的生产者、销售者利用其平台侵害消费者合法权益，未采取必要措施，给消费者造成损害，消费者要求其与生产者、销售者承担连带责任的，人民法院应予支持。

最高人民法院《关于审理食品药品纠纷案件适用法律若干问题的规定》第十一条 消费者因虚假广告推荐的食品、药品存在质量问题遭受损害，依据消费者权益保护法等法律相关规定请求广告经营者、广告发布者承担连带责任的，人民法院应予支持。

其他民事主体在虚假广告中向消费者推荐食品、药品，使消费者遭受损害，消费者依据消费者权益保护法等法律相关规定请求其与食品、药品的生产者、销售者承担连带责任的，人民法院应予支持。

纠纷解决技巧

对于网购缺陷食品、药品致人损害的纠纷，需要注意的是，要求产品的生产者、销售者，虚假广告经营者、发布者以及产品的代言人承担侵权责任时，适用无过错原则，

笔记区

即受害人无须证明侵害人存在过错;但对电商平台适用过错原则,即受害人需要证明其存在过错。此外,消费者在购买产品时,有时候会收到一些赠品,如果这些赠品存在缺陷并致人损害,本案例中的责任承担方式同样适用。

试题

甲在乙网络购物平台上的 A 店铺购买了一款由演员丙代言的保健药,丙在宣传时向消费者保证产品的质量与功效。甲使用后,却患上了严重的肝病。对此,下列哪一说法是正确的?(　　)[1]

A. 甲请求丙承担责任,需要证明其存在过错

B. 甲无权请求该产品的销售者 A 店铺承担责任

C. 如果乙平台能够提供产品生产者和销售者的真实名称、地址和有效联系方式,便无须承担责任

D. 乙平台和 A 店铺共同承担责任

---

① 答案:C。

笔记区

测 试 题

1. 张某承租了王某的房屋。某日，张某在修建完花草后，将剪刀落在了阳台边上，随后剪刀被大风吹落，扎伤了行人李某。李某的损害应当由(　　)。

A. 张某承担责任

B. 王某承担责任

C. 张某和王某共同承担责任

D. 李某自己承担

2. 侵害他人财产的，如果财产损失按照市场价格计算，则市场价格的确定时间为(　　)。

A. 损失发生时

B. 被侵权人提起诉讼时

C. 侵权行为实施时

D. 被侵权人知道损失发生时

3. 小明在父母离婚后一直跟随母亲生活。某日，小明在幼儿园与同学小刚打闹，其老师孙某因外出接电话而未能及时制止，小明将小刚打伤。对于小刚的损害，无须承

笔记区

担责任的是(　　)。

A. 幼儿园

B. 小明的母亲

C. 小明的父亲

D. 老师孙某

4. 村民甲驾车正常行驶,乙酒后驾车闯红灯,两车发生碰撞后,甲的车失去控制撞伤了行人丙。丙的损失应当由(　　)。

A. 甲承担全部责任

B. 乙承担全部责任

C. 甲、乙承担连带责任

D. 甲承担次要责任,乙承担主要责任

5. 村民甲将自己的汽车借给乙使用。某日,乙酒后驾车撞伤了丙,丙的损害应当由(　　)。

A. 甲承担全部责任

B. 乙承担全部责任

C. 甲、乙承担连带责任

D. 甲、乙按份承担责任

6. 某日,郭某骑甲公司的共享单车上班途中,单车刹车失灵,撞伤了行人刘某。经查,郭某并无过错。刘某的损害应当(　　)。

A. 由郭某承担全部责任

笔记区

B. 由甲公司承担全部责任

C. 由甲公司和郭某承担连带责任

D. 由甲公司和郭某按份承担责任

7. 村民甲闻到邻居乙的家中传来刺鼻的煤气味，便破门而入欲关闭煤气阀门，不料煤气灶爆炸，炸伤了甲和乙。对此，下列哪一说法是正确的？（　　）

A. 乙应当对甲适当补偿

B. 乙应当赔偿甲的全部损失

C. 甲、乙各自承担自己的损失

D. 甲应当赔偿乙的房门损失

8. 王某在甲经营的4S店购买了乙公司生产制造的汽车。某日王某驾驶该车辆在高速路上正常行驶时，安全气囊突然弹开，导致车辆失控，王某受伤。下列哪一选项是正确的？（　　）

A. 王某只能向甲要求赔偿

B. 王某只能向乙要求赔偿

C. 王某只能要求甲和乙按份赔偿

D. 可以要求甲赔偿，也可以要求乙赔偿

9. 某幼儿园老师组织学生做游戏时，小马被同学撞倒磕伤。事后，小马的父母要求幼儿园赔偿，但幼儿园认为“入园登记表”中已经写明“若非老师人为原因导致学生受伤，便不承担责任”，并且小马的父母也在上面签字同意

笔记区

了，便拒绝赔偿。该免责条款(　　)。

A. 有效

B. 无效

C. 可撤销

D. 效力待定

10. 村民小邓乘坐公交车时逃票被发现，司乘人员将其控制在车内至终点站，并令其在办公室反省 5 个小时。司乘人员的该行为属于(　　)。

A. 侵权行为

B. 自助行为

C. 正当防卫

D. 紧急避险

11. 某医院医生张某在为患者李某做手术时将一块纱布遗留在李某腹腔，李某因此所受的损害应当由(　　)。

A. 医院承担全部赔偿责任

B. 张某承担全部赔偿责任

C. 医院和张某承担连带赔偿责任

D. 张某承担赔偿责任，医院承担补充责任

12. 小宋是镇上中学初一学生。某日，在放学回家路过某幼儿园时，用弹弓打树上的小鸟，不慎误伤在园内玩耍的幼童小吕。小吕的损害应当由(　　)。

A. 该中学承担全部责任

笔记区

B. 该幼儿园承担全部责任

C. 小宋的监护人承担全部责任

D. 该幼儿园和小宋的监护人共同承担全部责任

13. 村民甲超速驾驶汽车，乙逆行骑摩托车。两车相撞，摩托车飞至人行道，将行人丙砸伤。丙的损害应当由（　　）。

A. 甲单独承担责任

B. 乙单独承担责任

C. 甲、乙承担连带责任

D. 甲、乙按份承担责任

14. 道路管理部门在挖掘的坑道两侧设置了障碍物和夜间警示灯。某夜，甲酒后驾车，撞毁障碍物和警示灯后逃逸。次日中午，乙骑自行车经过时摔入坑道受伤。乙的损害应当由（　　）。

A. 道路管理部门承担责任

B. 甲承担责任

C. 道路管理部门和甲共同承担责任

D. 乙自己承担责任

15. 甲在某饭店醉酒闹事，饭店员工和就餐顾客纷纷躲避，顾客乙躲闪不及被甲打伤。乙的损害应当由（　　）。

A. 甲承担责任

B. 甲和该饭店承担连带责任

C. 该饭店承担责任,甲承担相应的补充责任

D. 甲承担责任,饭店承担相应的补充责任

16. 某供电局架设的一条高压线在一场强台风中被吹断,致附近一居民触电身亡,此损害(　　)。

A. 由受害者自行承担

B. 由供电局承担

C. 由双方分担

D. 由受害方承担,供电局予以适当补偿

17. 陈家因电线陈旧不慎失火,幼子被困在屋内,其父陈某从院内铁丝上揭取邻家晾晒的毛毯,浸湿后冲入屋内救出孩子,毛毯被烧坏。邻家要求赔偿损失 100 元。下列哪一说法是正确的?(　　)

A. 陈某应赔偿 100 元

B. 邻家无权要求赔偿

C. 陈某和邻家各承担 50 元

D. 陈某应补偿 50 元

18. 甲搬家公司指派员工郭某为徐某搬家,郭某担心人手不够,请同乡蒙某帮忙。搬家途中,因郭某忘记拴上车厢挡板,蒙某从车上坠地受伤。下列哪一选项是正确的?(　　)

A. 应由郭某承担赔偿责任

B. 应由甲公司承担赔偿责任

笔记区

C. 应由甲公司与郭某承担连带责任

D. 应由甲公司与徐某承担连带责任

19. 张某从乙商店购买了一瓶甲厂生产的啤酒，因啤酒瓶质量不合格，在开瓶时突然爆裂，致使张某脸部受伤，下列说法中错误的是（　　）。

A. 张某不可直接要求产品制造者甲厂承担责任

B. 张某可要求乙商店承担损害赔偿责任

C. 若酒瓶质量下降是因运输公司运输啤酒时方法不当造成的，甲厂、乙商店有权要求运输公司赔偿损失

D. 张某有权请求精神损害赔偿

20. 甲是某公司的司机，在驾车送货的途中，因超速行驶将横穿马路（未走斑马线）的乙撞伤。下列说法中正确的是（　　）。

A. 甲应赔偿乙遭受的全部损失

B. 乙应自行承担全部损失

C. 甲、乙共同对损害结果承担责任

D. 乙与某公司共同承担责任

21. 甲家盖房，邻居乙、丙前来帮忙。施工中，丙因失误从高处摔下受伤，乙不小心撞伤小孩丁。下列哪一选项是正确的？（　　）

A. 对丙的损害，甲应承担赔偿责任，但可减轻其责任

B. 对丙的损害，甲不承担赔偿责任，但可在受益范围

笔记区

内予以适当补偿

C. 对丁的损害，甲无须承担赔偿责任

D. 对丁的损害，甲应承担补充赔偿责任

22. 甲购买一辆汽车，在开回的路上，因刹车失灵而翻车受伤。在此情形下，甲可以（　　）。

A. 请求商家承担违约责任

B. 请求厂家同时承担违约责任和侵权责任

C. 不可请求厂家承担侵权责任

D. 请求厂家承担侵权责任，同时请求商家承担违约责任

23. 甲为父亲祝寿宴请亲友，请乙帮忙买酒。乙骑摩托车回村途中被货车撞成重伤。公安部门认定货车司机丙承担全部责任。经查，丙无赔偿能力。丁为货车车主，该货车一年前被盗，未买任何保险。关于乙人身损害的赔偿责任承担，下列选项正确的是（　　）。

A. 甲承担全部赔偿责任

B. 甲予以适当补偿

C. 丁承担全部赔偿责任

D. 丁予以适当补偿

24. 小红 7 岁，父母离异，由其母抚养并与之共同生活。某日，小红在幼儿园午餐时与小朋友小明发生打斗，在场的带班老师李某未及时制止。小红将小明推倒在地，

笔记区

致其骨折,花去医药费3000元。小明的父母欲以小红的父母、幼儿园及李某为被告,要求赔偿。下列表述哪一项是正确的?( )

A. 小红的父母应承担赔偿责任

B. 小红的父母和老师共同承担赔偿责任

C. 幼儿园无须给予适当赔偿

D. 老师李某应承担连带责任

25. 李某在公共汽车上与售票员发生口角,售票员在李某下车之后指着他大喊:“抓小偷!”李某因此被车外不知实情的数名行人扑倒受伤。对此,应由( )承担责任。

A. 售票员

B. 公交公司

C. 售票员和动手的行人

D. 公交公司和动手的行人

26. 乙、丙、丁的共同侵权行为造成了甲6000元的财产损失。甲与乙、丙达成协议,乙、丙各向甲支付1500元后,甲不再向乙、丙追究责任。后乙、丙分别向甲赔付1500元。在此情况下,下列说法正确的是( )。

A. 甲仍有权就其余的3000元损失向乙、丙、丁请求承担连带赔偿责任

B. 甲只能就其余的3000元损失向乙、丙、丁各主张

1000 元

笔记区

C. 甲只能就其余的 3000 元损失向丁请求赔偿

D. 甲只能向丁请求赔偿其应付的 2000 元

27. 张某与同事何某素有矛盾，在知悉何某最怕狗的情况下，张某遂唆使 8 岁的刘某在何某经过时放狗撕咬何某，何某躲闪不及摔伤。对于何某的损失，(　　)。

A. 张某无须进行赔偿

B. 张某、刘某应平均分担

C. 张某应赔偿。若刘某的父母未尽到监护职责，也应承担相应责任

D. 刘某的父母、张某与何某应共同分担

28. 李某用 100 元从甲商场购买一只电热壶，使用时该电热壶漏电致李某受伤，花去医药费 5000 元。经查，该电热壶是乙厂生产的。下列表述正确的是(　　)。

A. 李某可直接起诉乙厂要求其赔偿 5000 元损失

B. 李某只能要求甲商场赔偿 5000 元损失

C. 如李某起诉甲商场，则甲商场的赔偿范围以 100 元为限

D. 李某只能要求甲商场更换电热壶，5000 元损失则只能要求乙厂承担

29. 甲公司楼顶的广告牌，在风中突然倒塌，砸伤数人，该损失应由(　　)承担责任。

笔记区

A. 甲公司

B. 广告牌的制作安装公司

C. 甲公司负责维修的工作人员

D. 伤者自负,甲公司给予适当补偿

30. 甲将数箱蜜蜂放在自家院中采蜜。在乙家帮忙筹办婚宴的丙在帮乙喂猪时忘关猪圈,猪冲入甲家院内,撞翻蜂箱,使来甲家串门的丁被蜇伤,丁经住院治疗后痊愈。下列说法正确的是(　　)。

A. 仅甲应对丁的医疗费用承担全部民事责任

B. 仅乙应对丁的医疗费用承担全部民事责任

C. 仅丙应对丁的医疗费用承担全部民事责任

D. 甲和乙应对丁的医疗费用承担连带责任

31. 小偷甲在某商场窃得乙的钱包后逃跑,乙发现后急追,甲在逃跑中撞上欲使用商场厕所的丙,因商场地板湿滑,丙摔成重伤。下列说法正确的有(　　)。

A. 小偷甲应当赔偿丙的损失

B. 商场无须对丙的损失承担补充赔偿责任

C. 乙应适当补偿丙的损失

D. 甲和商场对丙的损失承担连带责任

32. 某电力公司的一台高压变压器位于路旁,为防止陌生人靠近,电力公司建造围墙将变压器围起,仅留一道小门供检修人员出入,门上挂有"高压危险,请勿靠近"的

笔记区

标志,平时用锁将小门锁住,钥匙由检修工郭某持有。一日,郭某将钥匙丢失,只得撬锁进入院内检修,离开时将门关上并用铁丝将门拴住。次日,小民(11 岁)和小明(10 岁)经过时,出于好奇,小民扭断铁丝,两人进入围墙内玩耍。在玩耍中,小明不幸被电流击中受伤,经抢救后双臂截肢。小明的损失应由(　　)。

A. 电力公司应承担全部赔偿责任

B. 电力公司承担大部分赔偿责任,小民的父母负担小部分赔偿责任

C. 电力公司承担大部分赔偿责任,郭某承担小部分赔偿责任

D. 电力公司承担大部分赔偿责任

33. 小学生小文和小明在学校互殴,在场老师陈某未予制止。小文踢中小明腹部,致其脾脏破裂。下列选项正确的是(　　)。

A. 陈某未尽职责义务,应由陈某承担赔偿责任

B. 小文父母的监护责任已转移到学校,应由学校承担赔偿责任

C. 学校存在过错,应由学校承担全部赔偿责任

D. 学校存在过错,应承担与其过错相应的赔偿责任

34. 甲将自己的花盆放在四楼办公室办公桌上,其下班后,乙将该花盆移放窗外,但没有放稳,花盆被风吹落,砸伤

笔记区

楼下行人，花去医疗费用2万余元。此费用应由(　　)。

A. 甲承担

B. 乙承担

C. 甲与乙共同承担

D. 甲、乙与小孩的监护人共同承担

35. 某小学组织春游，队伍行进中某班班主任张某和其他老师闲谈，未跟进照顾本班学生。该班学生李某私自离队购买饮料，与商家刘某发生争执被打伤。对李某的人身损害，下列说法正确的是(　　)。

A. 刘某仅应承担部分赔偿责任

B. 某小学应承担全部赔偿责任

C. 某小学应与刘某承担连带赔偿责任

D. 刘某应承担赔偿责任，某小学应承担相应的补充赔偿责任

36. 某日，甲遇到同学乙，甲夸耀自己酒量大，说能喝1斤白酒。乙立马购买6斤白酒并邀请甲、丙喝酒。乙对甲说："今天你要是能喝1斤白酒，酒钱不用你出。"甲因此饮酒过度以致酒精中毒，花去医疗费1万余元。谁应当就此承担责任？(　　)

A. 甲　　B. 乙

C. 甲、乙　　D. 乙、丙

37. 一小偷利用一楼住户甲违规安装的防盗网，进入

笔记区

二楼住户乙的屋内,行窃过程中将乙打伤。下列说法正确的是(　　)。

A. 乙的人身损害应由小偷和甲承担连带责任

B. 乙的人身损害只能由小偷承担责任

C. 乙的人身损害应由甲和小偷根据过错大小,各自承担责任

D. 乙的人身损害应先由小偷承担责任,不足部分由甲承担

38. 甲、乙是邻居,某日,发生了争吵。甲对自己的孩子们说:“给我打!”甲的长子、次女二人在与乙打斗中,长子一拳打伤乙的眼睛。乙花去医疗费5000元。甲以自己并未动手拒赔,次女也以未打中乙为由拒赔。甲的子女均已成年并独立生活。对于5000元医疗费,应由(　　)负担。

A. 甲　　　　B. 甲长子

C. 甲次女　　　　D. 甲、甲长子和甲次女

39. 赵某将一匹易受惊吓的骡子赠送给李某,但未告知该骡子的习性。李某在用该骡子拉货的过程中,骡子受惊狂奔,将行人撞伤。下列选项正确的是(　　)。

A. 应由赵某承担全部责任

B. 应由李某承担责任

C. 应由赵某与李某承担连带责任

笔记区

D. 应由李某承担主要责任,赵某也应承担一定的责任

40. 小明在经过车流量较高路段时未注意红绿灯指示,在行人红灯时直接通过斑马线,被路过的未减速车辆撞伤,请问事故责任应当如何分配?(　　)

A. 机动车一方负全部责任

B. 小明负全部责任

C. 应适当减轻机动车一方的赔偿责任

D. 机动车一方承担不超过 10% 的赔偿责任

参 考 答 案

1. A	2. A	3. D	4. B	5. B
6. B	7. A	8. D	9. B	10. A
11. A	12. C	13. C	14. A	15. D
16. D	17. A	18. B	19. A	20. D
21. A	22. A	23. B	24. A	25. A
26. A	27. C	28. A	29. A	30. D
31. A	32. D	33. D	34. B	35. D
36. A	37. B	38. D	39. B	40. C